食品知識ミニブックスシリーズ

〈改訂版〉

漬物入門

宮尾　茂雄　著

日本食糧新聞社

まえがき

漬物は、もっともポピュラーな加工食品の一つである。丼物についてくるたくあんや、おにぎりに入っている梅干しなど食事のなかで中心になることはあまりないが、ないとやはり物足りなさを感じるのが漬物である。野菜に塩をまぶしたり、野菜を塩水に漬けることで野菜組織がしんなりとなって食べやすくなるとともに、風味成分が形成されて漬物特有の味がでてくる。この状態で食べれば、浅漬のように野菜の風味を楽しむことができる。また、塩蔵野菜を材料に脱塩や圧搾した後、麹、醤油、酢、酒粕、からしなどに漬け込むことで、また違ったおいしさを引き出すことができる。さらに、すぐき漬やザワークラウトのような乳酸発酵を利用した漬物では、乳酸菌の増殖と活動により発酵風味が付与され、より複雑な味覚が形成される。また、乳酸菌による整腸作用や免疫機能の向上も期待される。

漬物は、加熱することなく塩や乳酸菌の働きを利用することによって容易に作ることができることから、食品加工の歴史のなかで、もっとも古い加工、保存方法の一つと考えられる。長い歴史の流れのなかでさまざまな漬物が作られてきた。わが国では、すぐき漬、しば漬、高菜漬、野沢菜漬など多くの伝統漬物があるが、中国でも搾菜をはじめ、泡菜（パオツァイ）や醤菜（ジャンツァイ）など千種類以上の漬物がある。韓国のキムチや西欧のザワークラウトなどもよく知られている漬物である。このように漬物は、世界各地で古くから作られてきた。現在ある漬物は、このような歴史の過程で生まれた伝統的な食品であるが、加熱殺菌技術、保存技術、包装技術、冷蔵・冷凍技術、低温流通技術、新調味料の開発など、多くの技術開発によって、漬物は近代化され、農家の副業から近代工場へと脱皮し、今日の隆盛をみるにいたっている。これらの技術力に裏打ちされて現在では、漬物は優れた保存性とともに四季の味を楽しむことのできる食品の一つとなっている。

本書は、平成12年に初版を発行したが、その後、現在にいたるまでに漬物の製造、流通、消費環境、また使用される機械、器具類も大きく変化してきた。また、平成26年から「漬物製造管理士」制度が始まった。漬物産業における技術力の向上により、今まで以上に漬物の衛生管理、品質の向上が図られることになろう。

今回、それらのことを踏まえ、改訂版を出版することとした。改訂版では、漬物の歴史、現況、漬物の特徴と製造法、漬物の科学と技術、漬物と健康、漬物工場の衛生管理、漬物製造に用いる機械・器具類などについて解説を加えた。本書が漬物に関心のある方々に対し、少しでもお役に立てば幸である。

最後に、本書を著すにあたり、故小川敏男、故佐竹秀雄、前田安彦の諸先生の著書を始め、漬物関連の多くの書物や文献を引用、参考にさせていただいたことを記し、心から感謝の意を表するしだいである。

平成27年8月

宮尾茂雄

目　次

一、漬物の歴史

1　日本の漬物の歴史

(1) 漬物の起源

漬物は食塩の利用により、野菜を長期に保存できることから、乾物と同様にもっとも古い保存食品の一つと考えられる。「藻塩焼《もしおやき》」という語句が万葉集のなかに出てくる。この「藻塩焼」の藻は海中に漂う海藻のことで、海藻を海水に浸けて干すことを繰り返すことで塩分が濃縮される。これを海辺にさらし、乾燥させてから焼くと、塩と海藻に含まれている灰分が残ることになる。中国や西欧のように岩塩が産出しないことから、古代の日本では、このように灰の混ざった藻塩を使っていたことが想像される。また、藻塩を使わなくても、野菜を海水に浸けることで漬物ができあがる。野菜を海水に浸けて干すことを繰り返せば、塩がなくても保存性のある塩漬の漬物ができる。

鹿児島県で作られている壷漬は伝統ある漬物である。以前は葉つきのまま大根を1カ月近く干し上げた後、海水につけながら杵で搗いて繊維をほぐし、さらにカラカラに干した後、壷に並べて塩漬けした。およそ6カ月で発酵風味の独特の漬物ができた。また、熊本県水俣の寒干したくあんや山口県宇部の寒漬なども同様に、以前は海水に漬けてから干すことによって作られていたことから、漬物が海水を利用して始まったことが想像される。海水の塩分濃度はおよそ3・5%で、その約8割が食塩（NaCl）である。

野菜を海水で漬けた場合は、食塩濃度が低いので、乳酸菌や酵母などが増殖し、酸味やエステルなどの風味成分を生成する。したがって、製造の容易さを考えるとわが国の漬物は、発酵漬物から始まったものと考えられる。なお、粕漬、みそ漬、酢漬などの調味漬は中国との交流が行われるまで待つことになる。

⑵ 中国からの伝来

野菜や魚肉類、穀類などを塩で保存した食品を「醤《ひしお》」といい、魚肉類の場合は「肉醤《ししびしお》」、穀類の場合は「穀醤《こくびしお》」、野菜の場合は「草醤《くさびしお》」とよばれる。肉醤は現在の塩辛に近いもので、穀醤はみそやしょう油、草醤は漬物の原形にあたる。中国では、周の時代の古書や北魏の賈思勰《かしきょう》が著した農業技術書『斉民要術《せいみんようじゅつ》』のなかで漬物のことを「葅《そ》」と表しており、これらの漢字が日本に伝わり、漬物を表わす字に当てられたようである。

遣隋使や遣唐使が往来するようになると、さまざまな文化が朝鮮や中国からわが国に伝来し、酒、みそなどの調味料も醸造されるようになった。そして、粕漬、みそ漬、こうじ漬のような多種多様な調味漬物が生まれたものと想像される。

１９８８年に奈良市内のデパート建設予定地にある長屋王邸宅跡から、10万点にのぼる木簡《もっかん》が掘り出された。木簡には、さまざまな料理の材料名が書かれており、これらの木簡は当時の食生活を知るうえでたいへん貴重な資料となっている。邸宅の主人である長屋王（６６４〜７２９年）は天武天皇の孫にあたるが、藤原氏に対抗したために自害させられた。

木簡のなかに、「加須津毛」（粕漬）や「醤津毛瓜」（醤漬）の名が残っている。このように、当時は漬物の「漬」は「津毛」と表現されているが、奈良東大寺正倉院資料『写経食料雑物納帳』のなかには、薊漬《あざみづけ》、大豆漬、水葱漬《なぎづけ》など各種漬物の記載があることから奈良時代には「津毛」と「漬」の両方の文字が混用されていたものと考えられる。

(3) 漬物の多種類化

① 儀式の宴に使われた平安時代

平安時代に入ると漬物も多彩になる。『延喜式』は平安初期頃の宮中の儀式や年中行事を知るうえで、重要な資料となっている。儀式の宴などに使われた多くの漬物の名前が記されている。それらは、塩漬、醤漬《ひしおづけ》、糟漬《かすづけ》、韲《にらぎ》、須須保利《すずほり》、搗《つき》、荏裹《えづつみ》の7種類である。

塩漬は、春の野菜原料として、蕨《わらび》、なずな、芹《せり》、瓜《うり》、蒜房（ニンニク球）、蒜英（ニンニク茎）、韮《にら》揖などが記録されており、秋の野菜原料として、瓜、冬瓜《とうがん》、大豆《だいず》、茄子《なす》、茗荷《みょうが》などの記録がある。

醤漬は、みそ漬、しょう油漬である。瓜、冬瓜、茄子などの野菜、山菜のほか、鯛、鮎、鮑《あわび》などの水産物も漬けられていたようである。

糟漬は、汁糟に瓜、冬瓜、茄子などを漬けている。

韲については、中国の文献では塩漬のことを韲と記していた。日本でも、もっとも古くは漬物を韲と記していたが、『延喜式』に出てくる韲は塩漬ではなく、楡《にれ》の樹の皮の粉末で漬けた漬物だという。楡の皮は酸味があり、塩からいという記載がある。平安時代の辞書によると、韲は酢菜とある。酢菜はすぐきのようなものであるから、韲はすぐき漬のような低塩漬の乳酸発酵漬物と思われる。

須須保利は、大豆などの穀類を臼でひき、粉末にして塩とともに野菜類を漬けたものである。現在にはない漬物だが、ぬかみそ漬の前身のようなものであろう。須須保利は『延喜式』より200年前の天平年間、平城宮跡から出土した木簡にもその名が記されていた。

搗も現存しない漬物で蒜搗《ひるつ》、韮搗《にらつき》、多々羅比売《たたらひめ》花搗などの種類がある。蒜搗、韮搗はニンニクやニラに塩を加えてよくすりつぶし、カメなどに漬け込んだ塩辛のようなものと思われる。多々羅比売花は紅梅花をさすともいわれており、多々羅比売花搗は花のペーストであろう。搗はまた、万葉集にもその名が登場する。

荏裏は、荏胡麻《えごま》の葉でウリやナスなどを包み、みそ漬にしたものである。紫蘇《しそ》巻きのようなものだろうか。韓国では今でも荏胡麻の葉が漬物に使われている。

これら7つの『延喜式』に出てくる漬物は、中国の古書『斉民要術』にすべてが見られる。中国と日本の漬物の関係がうかがい知れる。

②漬物と萱津神社

愛知県のあま市を流れている五条川の河岸沿いに、漬物神社とよばれている「萱津《かやづ》神社」がある。昔、このあたりは海辺で塩が作られていた。また、その周辺は土が肥えていたことから、多くの野菜が採れたという。こうしたことから、塩と野菜が毎年、神社に奉納されていたそうである。たくさんの塩と野菜が奉納されるので、いつの日か塩と野菜を一緒にカメに入れておいたところ、自然に発酵が進行しておいしい漬物になっていたという。村人たちは、風味がよく保存のよい食べ物を「神の賜り物」として、奉るようになったそうである。

それ以降、萱津神社の神事として、神前で漬けられた漬物を、熱田神宮に奉納する儀式・〈香の物祭〉が行われるようになり、現在も、毎年8月21日には、神前で漬込み神事が盛大に行われている（写真1―1）。

③ 梅干しと精進料理

梅干しに関する記録では、平安時代の中頃に、村上天皇が梅干しと昆布茶によって疫病を鎮めたというものがもっとも古いとされている。その後、室町時代には全国的に梅の栽培が拡がり、梅酢は重要な酸味調味料として利用されるようになった。

鎌倉時代になると、一般の食事は平安時代と同様であったが、禅宗が盛んになり、食事も修行の一つと考えられるようになった。質素な食事、たとえば、朝食は粥に大根漬一切れと梅干しであったそうである。武士も簡素な食事が一般的で、梅

写真1-1 香の物祭（萱津神社）

干し、くらげなどに酢と塩をそえたものであった。禅宗などの普及により、精進料理が発達して肉食が減り、油を用いる料理が多くなったが、一方でさっぱりした酢漬などが食べられるようになり、今日の和食の基礎となる「一汁三菜」になったともいわれている。また、精進料理の材料として使う野菜の栽培も盛んとなり、大根、キュウリ、ナス、ミョウガ、カブ、ウリなどを作り、余剰になったものを塩蔵して貯蔵することも行われるようになった。

(4) 漬物の地域特産化

① 特産漬物の出現

戦国時代が終わりを告げ、江戸時代に入ると漬物の種類も多くなり、現在のものとほぼ同じようなものが作られるようになった。全国から多くの

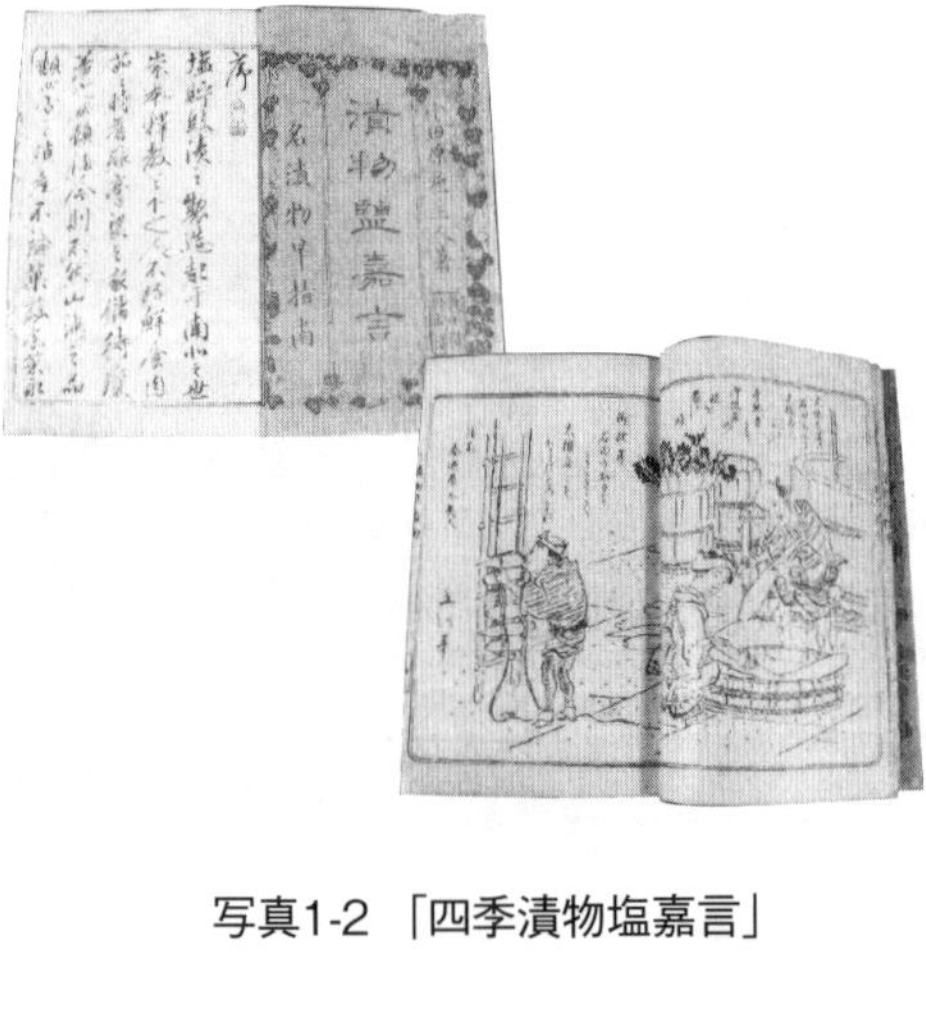

写真1-2 「四季漬物塩嘉言」

武士や商人が江戸に集まるようになり、漬物の調味や作り方に工夫をこらすようになった。白米食が普及するようになってからは、米ぬかを使ったぬかみそ漬やたくあん漬が漬けられるようになり、江戸、京都のような大都市では、商業としての漬物屋が出現するようになる。寺社の縁日には、漬物などが売られるようになり、江戸ではべったら漬、関西では奈良漬、すぐき漬なども並べられるようになった。

江戸時代に出版された『四季漬物塩嘉言《しきつけものしおかげん》』（写真1―2）には、数多くの漬物の製法が書かれており、漬物が庶民の間で作られるようになったことがわかる。また、多くの特産漬物が各地で出現したのも江戸時代のことで、街道筋の茶屋のお土産になった。東海道では小田原のしそ巻き梅干しや府中（静岡市）のわさび漬が道中の土産品であったという。

江戸時代の末頃には、梅干しの生産量が増大し、関西では紀州、関東では小田原が梅干しの特産地となった。

『四季漬物塩嘉言』のほかにも、『合類日用料理抄』、『漬物秘伝集』、『料理綱目調味抄』、『漬物料理調法集』、『守貞謾稿』などの出版物に漬物の漬け方が書かれている。漬物の種類も、たくあん漬をはじめとして、印籠漬、渦巻漬、一夜漬、鼈甲《べっこう》漬などが工夫された。一口ナス、信州の野沢菜、愛知の守口大根、飛騨の赤カブ、島根の津田カブ、愛媛の緋《ひ》カブラ、長崎の唐人菜《とうじんな》、鹿児島の桜島大根など各地の地物野菜を加工した特産漬物が知られるようになった。

② 江戸患いとぬかみそ漬の普及

戦国時代は、ほとんど玄米食であったが、江戸時代に入ってからは、食生活もぜいたくになり、一般の町民も白米を食べるようになった。その頃から江戸市民の間に「江戸患《わずら》い」と称する病が流行した。ビタミンB_1不足による脚気で、それまでの玄米食が白米食になり、精米によってぬかに含まれているビタミンB_1が除かれて不足するようになった。このような病は白米を食べる都会に多く、玄米を食べている地方の人にはあまりなかったので、「江戸患い」とか「都患い」とよばれたわけである。その後、ぬかみそ漬を食べるとそのような病が治ったことから、ぬかみそ漬が多く作られたという。

③ たくあん漬とべったら漬

代表的な漬物であるたくあん漬も、江戸時代にできた漬物の一つである。たくあん漬の由来は諸説あるが、一般的には、東海寺開山の澤庵《たくあん》禅師によるものとされ、禅師の墓石が丸い石で、漬物の重石に似ているという説と、「貯え漬」からたくあんになったという説がある。いずれにせよ、江戸時代の『書言字考節用集《しょげんじこうせつようしゅう》』、『本朝食鑑《ほんちょうしょっかん》』など多くの古書には、「澤庵和尚によるものなり」と書かれている。

べったら漬は甘味を特徴とする大根のこうじ漬であるが、これに関しても多くの書物に記録が残っている。『守貞謾稿《もりさだまんこう》』には、「十月一九日夜、江戸大伝馬町二丁目にて市あり。明日、蛭子命（えびす神）を祭る用の小宮および神棚・切組三方あるいは小桶・俎板の類（略）これを売る。また新漬大根をうる。いはゆる浅漬にて、干大根を塩糠をもって漬けたる。けだし麹を加へたるを良とす。夜市等にこれを売ること、ただ今一夜に限れり。（喜田川守貞著、宇佐美英機校訂『近世風俗志―

守貞謾稿』岩波文庫〈1996年〉〉」とあり、今のべったら漬と同様に、こうじを使った浅漬大根が市で売られていたことが記されている。現在も、毎年10月19、20日の夜には同じように、日本橋大伝馬町宝田恵比寿神社では「べったら市」が催されて東京の晩秋の風物詩になっており、大勢の人々でにぎわう。

(5) 進化する漬物

① 漬物製造の工業化

明治以降も、漬物は重要な副食であった。各家庭ではぬかみそ漬が作られ、夏は梅干し作り、秋は冬に備えてたくあんや白菜漬の漬込みが行われた。明治初期からは、東京などの都市近郊の農家では、たくあん漬や奈良漬が農業の重要な副業になり、これらが大正、昭和にかけて漬物製造業へと発展していくことになる。

戦後は、スーパーマーケットなどの量販店の発展やトラック輸送などによる食品流通網の拡大、あるいは、プラスチック包装や加熱殺菌技術など、食品保存技術の進歩などが漬物製造の工業化に拍車をかけた。その結果、家庭漬けが少なくなり、漬物工場で生産される小袋詰めが多く売られるようになった。また、家内工業的な漬物製造から大規模生産工場へと製造環境の変化が進んだ。

② 機能性重視の時代へ

漬物は野菜の保存法の一つとして発展してきたが、現在においては年間を通して生産されるようになり、本来の保存性を重視したものから、風味や野菜の新鮮さ、野菜のもつ機能性が重視されるようになった。家庭漬けといわれていた浅漬なども工場生産されるようになり、現在では、漬物の主流になっている。近年は、健康志向から、低塩化された漬物やキムチのように機能成分を含む原材料を使用したものや乳酸発酵漬物、西洋野菜を用いた視覚的にも彩りのよいピクルスなどに関心が持たれる傾向がみられる。また、調理素材としての利用開発にも関心が高まっている。

2　中国の漬物の歴史

(1) 中国の漬物の起源

中国では、漬物は伝統食品の一つで中国の食物史、さらには世界の食物史においても重要な位置を占めている。

中国では、多種類の野菜がかなり古い時代から食べられていたことが明らかになっている。当時の人々は野菜が多く収穫されたときに塩で野菜を漬け、保存していた。これが漬物の起源となっている。書物によれば、古く中国で生産されていた野菜は辛子菜、大根、白菜、冬寒菜、百合、忘草、蓮根《れんこん》、韮、水芹、葱《ねぎ》、蒲菜、黒慈姑《くろぐわい》、蕪青草、菰《まこも》、芹、草石蚕《ちょろぎ》、干瓢《かんぴょう》、金針菜《きんしんさい》、紫蘇《しそ》、白瓜、黒菜、生姜《しょうが》、山芋、辣韮《らっきょう》などである。なお、食用野菜のうち、古代遺跡から発見されたものの野菜の種類、発見場所、年代を図表1―1に示した。

中国人は紀元前の頃からこうじ菌を利用する技術をすでにもっていたと思われる。それに関するもっとも古い記録は、大豆や小麦の醤《じゃん》に関するもので、西漢、史游《しゆう》の『急就篇《きゅうしゅうへん》』に記載されている。この大豆や小麦の醤の加工技術の進歩にともない、漬物製造技術も大いに発展することとなった。

塩の生産も、かなり古くから行われていたものと考えられる。『禹貢《うこう》』のなかでの「青州塩」、『楽

図表1-1　食用野菜の考古学的発掘の一覧

野菜の種類	考古学的発見場所	年代
辛子菜の実	陝西省西安市半坡	新石器時代
干　　瓢	浙江省杭州水田坂	新石器時代
干　　瓢	浙江省余姚川姆渡	新石器時代
瓜　　核	浙江省杭州水田坂	新石器時代
メロン種子	浙江省呉共銭山漾	新石器時代
菱の実の殻	浙江省余姚川姆渡	新石器時代
圓菱の実	浙江省嘉興馬家浜	新石器時代
菱	浙江省呉共銭山漾	新石器時代
芥子菜の実	河南省馬沙馬王堆	西漢
冬瓜の種子	河南省馬沙馬王堆	西漢
豆鼓姜	河南省馬沙馬王堆	西漢
乾燥野菜	湖北省江陵	西漢
生　　姜	広西省貴県蜀泊湾	西漢
干　　瓢	広西省貴県蜀泊湾	西漢
干　　瓢	湖北省江陵	西漢
干　　瓢	江蘇省連雲港	西漢
蓮　　根	湖南省馬沙馬王堆	西漢
菱の実	湖南省馬沙馬王堆	西漢
メロンの実	湖北省	西漢
胡　　瓜	広西省貴県蜀泊湾	西漢
干　　瓢	江西省南昌	西漢

府中』のなかの「黄帝塩」、戦国時代の呉王および許慎の『説文解字《せつもんかいじ》』のなかの「煮海塩」などが知られている。これらの記録から塩はかなり古くから生産・利用されていたことがわかる。塩の生産の始まりは漬物を製造するうえで、きわめて重要なカギとなった。

漬物製造には野菜を漬け込むための容器が必要である。容器としては石器、木器、土器、陶器、磁器、漆器などがあるが、このなかでもっとも重要なのは陶器・磁器で、中国では新石器時代の頃にはすでに陶器が発明されていたことが知られている。陶器の出現は漬物の製造上、重要な役割を果たしている。

このように、野菜、塩、こうじ菌、容器などの条件が満たされたのが穀物栽培農耕の始まった新石器時代であり、そのような背景のもとに中国漬物の原型が完成されたものと考えられる。

⑵ 中国古書に見る漬物

中国の漬物は約3000年余の歴史を有している。中国でもっとも古い詩集とされている『詩経』は、紀元前10世紀から紀元前6世紀までの黄河流域の民歌を書き記したものである。このなかに「中田有廬、彊場有瓜、是剥是菹、献之皇祖　曾孫寿考　受天之祜」という詩句がある。「廬」と「瓜」は野菜で、「剥」と「菹」は塩漬の意味である。「畑の中には大根が、畦《あぜ》道には瓜がなる。皮をむき漬物にして、これをおおいなる祖先に献じる。子孫は長寿にめぐまれ、天の幸いを受けるであろう。」（牧角悦子著『詩経・楚辞　ビギナーズ・クラシックス中国の古典』角川学芸出版〈2012年〉）

記録よりも実際に行われていた事実の方が古い

ことを考えると、中国において塩漬は、少なくとも『詩経』よりも早い時期にあったことになる。したがって、中国での漬物の出現は３０００年以上前と考えられる。

紀元前１０６３年に西周、成王姫涌が即位したが、年齢がまだ若かったため周武王の弟である周公旦が摂政となった。彼は周代の礼儀制度を制定するために、紀元前１０５８年に『周礼《しゅらい》』という書物を著した。その書を天官、地官、春官、夏官、秋官、冬官の６節に分けて書き記した。この天官のなかに「醯人：掌共五齊七菹、凡醯物、以共祭祀之齊菹」とある。醯は酢、酢ざけ。五齊は葵、豆の嫩葉、薤、葱、韭。七菹は、韭、菁、茆、葵、芹、大竹の筍、小竹の筍などの漬物のことである。これらの食物を管理する醯人《けいじん》という官職があり、周の時代にはすでに漬物があったことがわかる。

西漢（紀元前２０６〜紀元後24年）初年、長沙《ちょうさ》の丞相《じょうしょう》であった利蒼の妻である辛追は、紀元前約１６０年頃に50歳位で亡くなり、長沙馬王堆《まおうたい》に葬られた。この馬王堆は近年の発掘によって多くの副葬品が出土したことで有名な場所である。

副葬品のなかに醤、豆鼓《とうち》（浜納豆に近いもの）や豆鼓姜（浜納豆に生姜を混ぜたようなもの）が見つかっている。この事実は、醤を最初に作ったところが中国であったことを物語っている。醤や豆鼓は豆を原料とし、こうじを用いて発酵させたものである。豆鼓には乾燥豆鼓、水豆鼓、鹹《かん》豆鼓、淡豆鼓、大豆豆鼓、黒豆豆鼓がある。みそと異なる点は豆の形を潰さずにそのまま保持することであるが、本質的には同一のものである。したがって、豆鼓姜は生姜醤（しょうがみそ漬）といってもよい。出土した竹簡には葬送儀礼の献立と思われる料理名と水あめ、蜂蜜、酢、塩、こうじなどの調味料、濁り酒、清酒などの酒類が記載されていた。

以上のことから推定すると中国で醤を使った漬物が出現したのは、約2100年以上前であると思われる。

後漢の許慎の『説文解字』（中国最古の字書、15巻、100年頃成立。漢字を扁《へん》と旁《つくり》によって分類し、その成り立ちと字義を解説したもの）の解釈では、「菹菜とは白菜漬である。」とある。当時漬物は、菹として表現されていたことがわかる。なお、菹菜は、乳酸発酵による漬物の一種であることが科学的に明らかにされている。

(3) 北魏での漬物加工

このようにして生まれた中国の漬物は長い時間と試行錯誤を経て、製造技術が高度化し、種類も豊富になり、一歩一歩と発達してきた。北魏の時代（386～534年）には当時、農業技術の専門家であった賈思勰《かしきょう》が『斉民要術《せいみんようじゅつ》』を著した。北魏における漬物の加工方法や生菜の貯蔵法37項目の詳細な記述がある。そのなかで「菹」が12例、酢漬けに相当するものが18例ある。以下にその一例をあげる。

・作湯菹法……材料はウキナ（カブ）が良い。野菜を熱湯にさっと浸してから冷水ですすぎ、塩と酢に漬ける。少量のごま油を加えると香ばしい。

・瓜菹法……食塩を多く使ってウリを漬ける方法で、食塩をウリの表面にまぶし、天日で干してから酒粕に漬ける。数日後これを取り出して酒粕につける。このとき塩、蜜、「ひめ麹」をまぜ、カメに入れて、口を泥で密封する。長く置けばおくほど良い。現在の奈良漬の製法に類似する。

・作卒葅法……ここで卒とは速成の意味であり、早く漬ける方法が紹介されている。

フユアオイを酢漿《かたばみ》で煮る。これを手で引き裂き酢を加えるとすぐに酢漬けができあがる。

漬物容器を密封するのに泥土を使用したことが記述されている。このことは、当時すでに泥土で密閉することによって、嫌気的な条件を作れば乳酸発酵が進行するのに都合がよいことを知っていたことをうかがわせる。

葅（漬物）とはおもに乳酸発酵による野菜の貯蔵法で、発酵の元として穀類を加える。また、葅には乳酸が含まれることから、古代から酸味料としても用いられた。野菜の漬物は「葅」または「菹」を、肉の場合は「菹」を用いる傾向があるといわれている（田中静一他編訳『斉民要術―現存する最古の料理書』より第88章、雄山閣出版〈1997年〉）。

(4) 唐～清の時代

唐の時代（618～907年）に曹元方が著した『諸病沅候論』のなかに「塩苜蓿、茭白」という語句があり、塩漬野菜のあったことが記載されている。

苜蓿《もくしゅく》は金花菜ともいう。茭白は菰《まこも》の新芽を指している。また、『唐代地理志』のなかに「興元府土貢夏蒜、冬笋、糟瓜」という語句が記載されており、唐の時代にはさまざまな漬物が作られるようになったことがわかる。ここで記載されている糟瓜は、現在の酒粕を用いた粕漬を意味している。

唐の時代には中国の名僧である鑑真が来日し

た際に、みそと漬物の製造技術を伝えている。

1981年7月12日に姚遷が『新華日報』のなかで書いた「訪日紀行」のなかで、日本の友人の話を紹介している。「豆腐や漬物は奈良で数多く生産されているが、それらは貴国（中国）の盲聖（鑑真）が郷里から日本へ伝えたものである。そして、貴国の風俗習慣が千年以上も長く、当地で続いている。したがって、それらを伝えてくれた唐を称賛しないものはいない。」という内容であった。盲聖とは日本人が鑑真に対して付けた尊称で、鑑真の眼が見えなくなったことにもとづいている。

宋の時代（960〜1279年）の書物に『東京夢《とうけいむ》華録《かろく》』がある。かつての汴京《べんけい》（北宋の首都汴京）、東京《とうけい》〈東都とも呼ばれた〉がもっとも繁栄していた頃の思い出を記したものである。当時汴京には一流の酒屋が72軒もあった。そのなかに張という名の酒屋が2軒あった。酒屋は「唯以好淹藏菜蔬、買一色好酒（酒の肴は売らず、ただ上等の漬物を附き出しにして、上等の酒一品を売るだけだった）」とある。美食の街の喧騒をよそに、美味しい漬物でじっくり酒を味わう、今の東京《とうきょう》にもそんな店があったらと羨ましく思われる。当時すでに多種類の漬物が扱われているが、そのなかで主要なものをあげると、辣菜（唐辛子入りの漬物）、生姜《しょうが》大根、野菜の塩漬、杏《あんず》生姜、梅生姜、瓜の芥子《からし》漬、砂糖茘枝《れいし》、香糖果子（果実砂糖漬）などである。当時の愛国詩人である陸游《りくゆう》は「菘芥可菹・芹可羹」（菘芥〈からしな〉は塩漬にし、芥はスープにするとおいしい。）の詩を残している。陸游は晩年、自ら畑を耕やし山菜を採り、調理していたと思われる。

明の時代（1369〜1644年）には、鄺璠が『便民圖纂』のなかで香六根（蘿蔔《すずしろ》、大根）という漬物の作り方を記述している。「大根をさいころの形に切り、一晩漬けてから干して乾かす。生姜、蜜柑は細かく切り、蒔蘿《じら》、茴香《ういきょう》で均一に和え、油で炒める」と書いてある。これは現在、製造されている五香（茴香〈フェンネル〉、山椒《さんしょう》、八角茴香、桂皮〈シナモン〉、丁香《ちょうこう》〈クローブ〉）切干大根の作り方と類似している。

清の時代（1616〜1911年）になると漬物はさらに多彩なものとなり、世界的にも知られるようになった。たとえば、北京、天津、山西省、陝西省、河南省、江蘇省のさまざまな漬物、浙江省の五香蕪、四川省の冬菜、搾菜、安徽省九華山の砂糖冰（氷）生姜などは、大変風格のある漬物で今も多くの人々に食されている。

これらを総合すると、中国の漬物は長い歴史を経て、単純なものから複雑なものまで多種多様な漬物の加工法を生み出してきたといえる。漬物の原料として使われてきた野菜には、蘆菔、壺盧《ひさご》（ひょうたん）、薤、菘《すずな》、姜、大蒜《にんにく》、玉葱《たまねぎ》、青菜、大芥《たか》菜《な》、搾菜、紫蘇《しそ》菜、韮《にら》、黄瓜《きゅうり》、生瓜、小蒜《こびる》（行者ニンニク）、葵《あおい》、冬瓜《とうがん》、人参、レタス、甘藍（キャベツ）、茄果、四季豆（インゲンマメ）、唐辛子、胡芹（セロリ）、蕨など多種類ある。

(5) 中華人民共和国成立後の生産環境の改善

中国での漬物の生産状況は、ほかの工業と比較するとまだ遅れている面がみられるが、中国が成立する前と比べてみると大幅に進歩している。とくに、1975年以降、商業部（現在は国内貿易部）は漬物産業界における生産管理を強めることにより、著しい変革を遂げることができた。漬物製造業が増加するとともに生産量も著しい増加をみせている。

3　西洋・韓国の漬物の歴史

　欧米の代表的な漬物の一つであるザワークラウトは、ドイツを中心にして発展してきたといわれている。原形は紀元前、キャベツに果汁や酢をかけて樽で保存したものが始まりで、その後、醸造酢と塩を用いて乳酸発酵を行うようになったものといわれている。文献的にも、16世紀に開かれた王様の婚礼の料理のなかに、ザワークラウトが出されたことが記録されている。

　古代メソポタミアにはワインビネガーがあったといわれている。酢による漬物、酢漬けも古代から行われていたと考えられる。また、1世紀には古代ローマの博物学者大プリニウスの『博物誌』にキュウリを「塩汁を使って保存する」とある。ピクルスは、ヨーロッパでは２０００年以上古くから野菜の保存食とされ、現在では、ほとんどの野菜のほかオリーブ、スイカ、ひよこ豆などの果物や豆が塩や酢に漬けられ、さらには香辛料などが加えられ発酵させたタイプや発酵させないタイプなどのさまざまな種類がある。このため、欧米ではピクルスは家族に伝わる味といわれるほどで、家庭の料理に使われている。

　韓国の代表的な漬物はキムチで、発酵漬物としてよく知られている。歴史的にみると、約７００年前の高麗後期の李奎報《りきゅぽ》の詩に大根のキムチのことが書かれているのが最初といわれている。17世紀に書かれた『飲食知味方《うむしくぢみばん》』には、数種類のキムチの作り方が出ているが、唐辛子の記載がないことから、現在のキムチとは異なっているものと考えられる。現在のキムチは、その後の時代に南方の全羅道、慶尚道から発生し、東方、北方へと伝わっていったようである。

このほかにも世界には数多くの漬物があり、それぞれの歴史をもっている。漬物は、もっとも簡単に野菜を保存する方法として農耕が始まった新石器時代頃から人類の歩みとともに、工夫を重ね、それぞれの地域性、気候、収穫物に合わせた製造法によって多彩な漬物を産み出してきたのである。

二、漬物の現況

食品需給研究センターの調査によると、わが国における漬物の生産量は、平成3（1991）年の120万tをピークに減少傾向がみられるようになった。平成13年には119万tと一時的に回復がみられたが、再び減少傾向となり、平成25年には72万tにまで減少している。平成3年のピーク時と比較すると40%減少したことになる（図表2—1）。また、主な漬物の生産量の変化をみると、たくあん漬は、平成元年は21・8万tであったが、平成25年は、5・4万tに減少している（図表2—2、図表2—3）。25年間で生産量は4分の1にまで減少したことになる。また、平成3年には約33万tあった浅漬

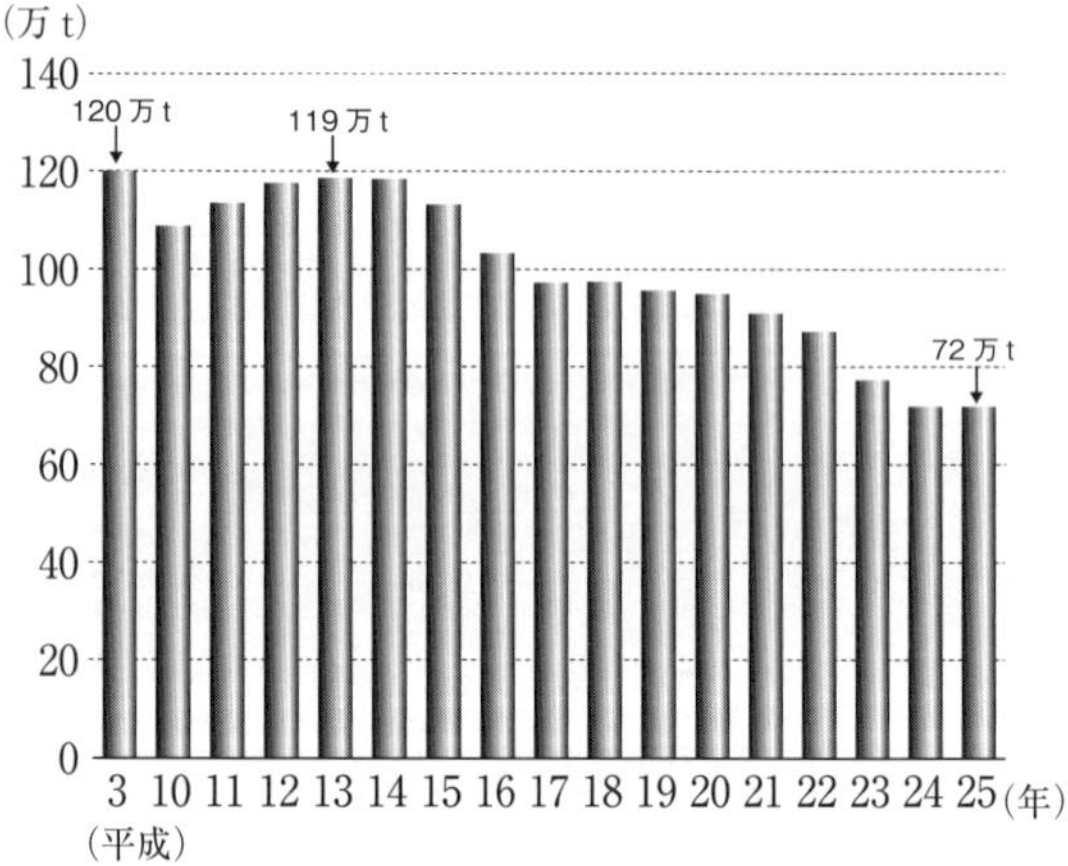

図表2-1　漬物の年生産量変化

資料：（一社）食品需給研究センター調査

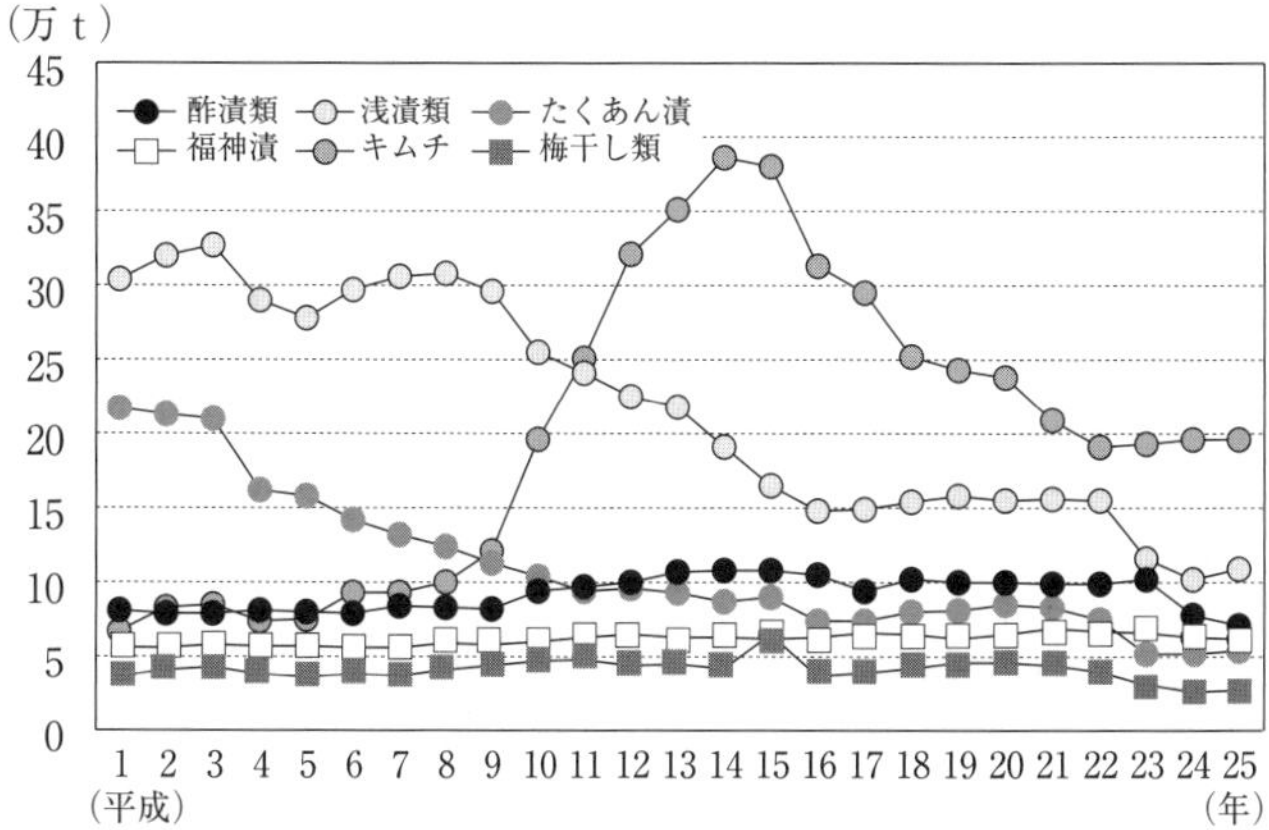

図表2-2　主な漬物の年生産量変化

資料：（一社）食品需給研究センター調査

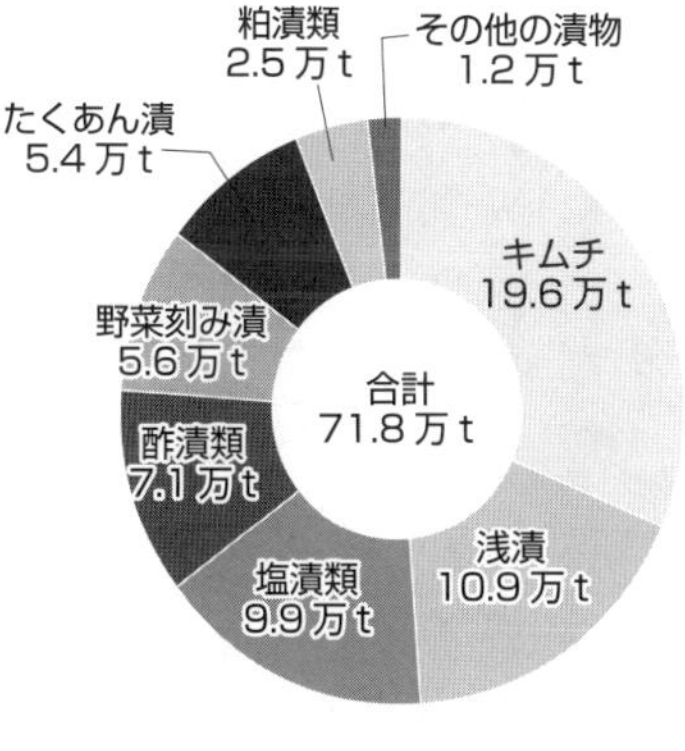

図表2-3　主な漬物の生産量（2013年）

資料：（一社）食品需給研究センター調査

類も、平成25年には11万ｔと3分の1にまで減少した。一方、平成14年頃までは、急速に生産量が増加し、38・6万ｔまで達したキムチが、それ以降は、減少傾向に転じている。キムチは漬物のなかではもっとも売れ行きの良いものではあるが、平成25年には、19・6万ｔとなり、ピーク時から半減している。

漬物生産量の全体の傾向をみると、近年は下げ止まりの傾向がみられることや世界的に和食への関心が高まっていることから、今後、生産量が増加することが期待される。

各家庭で一年間に購入した漬物の金額を平成10（1998）年から平成25年までの変化についてみると、15年前の平成10年においては、各家庭の一年間における漬物の購入金額は、約1万3000円であったが、平成25年には約8000円となった（図表2―4）。このような状況からも漬物離れが進行していることがわかる。

漬物産業の活性化をはかり、漬物需要を回復させるためには、どのような対策が必要であろうか。最初に漬物需要が低迷している背景について考える。

(1) 漬物需要低迷の背景にあるもの

① 米離れ

漬物需要が低迷している背景の構造的な要因は、米離れである。第二次世界大戦後の家庭での食事といえば、白いご飯に焼き魚、それに加えて味噌汁と漬物が並んでいた。白いご飯と漬物は切っても切れない関係であった。しかし、現在そのような献立は少なくなった。朝はパン食とサラダなどの洋食メニューとなり、夕食は、スパゲッティやギョウザなどの粉食メニューや噛むのが容易なハンバーグなど、子どもたちが喜ぶメニューが並ぶようになった。こ

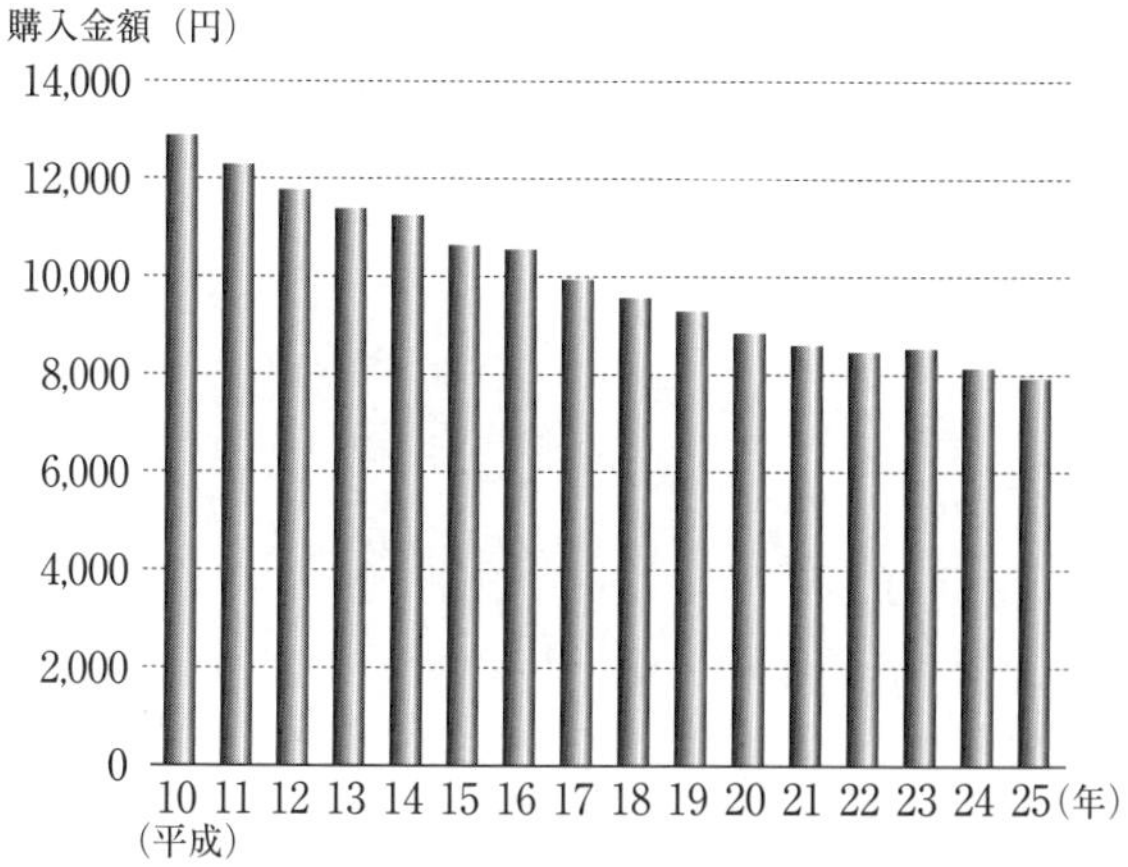

図表2-4　一世帯当たりの漬物購入金額の年変化

資料：総務省「家計調査」

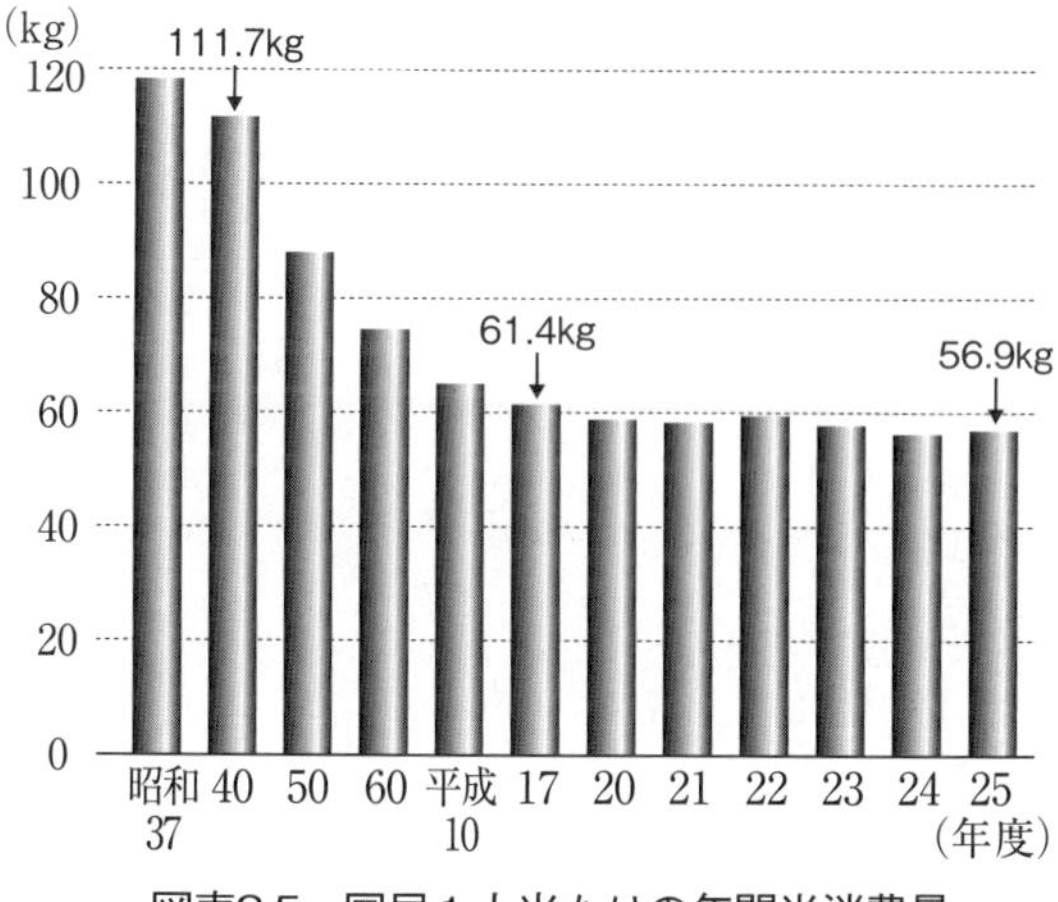

図表2-5　国民１人当たりの年間米消費量

資料：農林水産省「食料需給表」による

のように家庭の食卓での漬物の出番は、めっきり減ってしまった。

平成3（1991）年、漬物生産量が120万tに達するまでのこの時期、GNP（国民総生産）の上昇が続いていた。GNPの上昇は、経済の豊かさを表す指標である。経済が豊かになり、家庭の懐にも余裕が出始めた結果、食事内容にも変化がみられるようになった。米中心の食事から、肉、乳製品などの畜産物を取り入れた食事内容に変化してきた。日本型食事から、西洋料理、中華料理などさまざまな食事が取り入れられるようになった。食品加工技術の高度化、冷蔵・冷凍技術の開発など、技術的な面での進展を背景として、食事内容が多彩になってきた。また、外食の機会も増加した。

しかし、高齢化社会を迎え、人口が減少している現代では、消費される総量は減少傾向となる。したがって、畜産物や新たな調理品、加工食品を多く摂取するようになった結果、米の消費量は減少の歩みを強めた。一人当たりの米の年間消費量の推移をみると、昭和40（1965）年には、111・7kgであったものが、平成17（2005）年は、61・4kg、平成25年には56・9kgと半減した（図表2―5）。これは、きわめて大きな変化である。

漬物とご飯との関連が濃密であることは、昔も今も変わりはない。その結果、漬物需要は減少し、漬物生産量もこれらに連動する形で減少傾向を示すことになった。近年の経済不況下での内食回帰、それにともなうご飯食回帰の状況にもかかわらず、漬物離れはなかなか止まらないのが現状である。ただ、平成25（2013）年、和食がユネスコの無形文化遺産として登録されたことや、和食に対する関心が高まっていることから漬物需要が増加することを期待したい。和食の基本形は一汁三菜であるが、ご飯とお汁の間に香の物（漬物）を置くのが決まりとされる。このように漬物は和食、ご飯とは切っても切れない関係にある。

② 塩分摂取

５年ごとに厚労省から発表される食事摂取基準のなかで、減塩の必要性が繰り返し述べられている。食事摂取基準２０１５年版では、生活習慣病予防の観点から、一日食塩摂取量は前回（２０１０年版）と比べると、男性は９ｇから８ｇ、女性は７・５ｇから７ｇに引き下げられている。

近年、低温物流の普及もあって漬物の低塩化を図ってきた業界であるが、「漬物は塩分が高い」食品であり、摂取を控える対象である旨の「栄養指導」が依然として展開されている状況にある。健康に対する関心が高い昨今にあって、これらのことも漬物需要を低迷させている要因の一つとなっている。確かに過度の摂取が健康に対して悪影響を及ぼすことは、世界的にも一般化されている。しかし、適度な食塩の摂取は、健康を維持するうえできわめて重要であり、食塩不足は健康に対して重大な影響を及ぼすことも事実である。

(2) 漬物需要を喚起する

低迷を続けるわが国における漬物需要に対し、どのように活性化を図ることが必要なのであろうか。現代における食のキーワードは、「安全・安心」、「機能性」、「食育」である。これらの視点からの漬物の製品開発、販売、普及を図っていくことが必要と思われる。

① 食の安全・安心

食の「安全・安心」は、ＨＡＣＣＰに基づく自主的な衛生管理やISO22000等に対する関心の高さからもうかがえる。それらは、食品を製造するうえで基本となるものである。これらに基づく製造管理システムを構築し、消費者が安心して漬物を購入できる購買環境整備に、業界全体で取り組む必要があろう。消費者との間で、確固たる信頼関係を築いていく努力が今まで以上に大切である。

②機能性

消費者の健康に対する関心は高い。漬物は食物繊維をはじめ、ビタミン類、ミネラル、機能性成分を含む香辛料など、健康を維持するのに有用な成分を数多く含む食品である。糖尿病、大腸ガンなどのいわゆる生活習慣病の発症とそれらの重症化を予防するためには、過剰な塩分や脂肪の摂取量を減少させること、野菜・果物、食物繊維の摂取量を確保することが重要といわれている。

塩分の摂取量は減少傾向にある。一方、野菜は、平成24年における成人の1日当たり平均摂取量は286・5gであり、厚労省が掲げる「国民の健康の増進の総合的な推進を図るための基本的な方針『健康日本21（第二次）』」の目標値（平成34年、350g）を大きく下回っている。

野菜を生で食べるには限度があるが、漬物にするとアクが取れ、しんなりとなることから生野菜よりも多く体内に取り込むことができる。このような観点からのPRも必要と思われる。

野菜や果物、豆類、海藻類に含まれるカリウムは塩分を排出させる働きがある。漬物は食塩を含んではいるが、減塩化も進んでおり、カリウムを多く含む野菜から作られているので、積極的にとり入れることを消費者にすすめることも必要であろう。

海に囲まれたわが国には、海藻を使った地方色豊かな漬物がある。昆布の利用をはじめ、たけのこのもずく漬（京都府）、かじめの味噌漬（熊本県）、ぶと（てんぐさ）の味噌漬（鹿児島県）など海藻を素材に取り入れた漬物の利用、普及にも期待したい。

今、「植物性乳酸菌」に対する関心が高まっている。発酵漬物を歴史的にみると酸味料としての役割を果たしていた。しかし、酸味が強くなるため、わが国では、あまり好まれない傾向がみられた。植物性乳酸菌は、主に漬物、みそ、しょう油など植物由来の発酵食品を製造する際に関与する乳酸菌である。動物性乳酸菌と比べ栄養成分が少ない環境や高塩分、低pHなどの苛酷な環境下でも生育することができるのが特徴である。

乳酸菌に整腸作用があることは以前から知られているが、その他にも免疫賦活作用、抗腫瘍作用、抗アレルギー作用など、多くの健康に関する機能を有することが報告されている。最近では、胃がんの一因と考えられているピロリ菌に対する抗菌作用や、花粉症などのアレルギーに対して軽減化作用のあることが報告されている。発酵漬物は乳酸菌の宝庫であり、さまざまな機能が含まれている。

③ 食育

「食育」は、食文化を含めた広い概念であり、スローフード、地産地消などのキーワードを含んでいる。従来の学校給食は、栄養に基づく献立が中心であったが、これに加えて地産地消、伝統食品、行事食など、地域の暮らしと密着した食材を取り入れた給食を心がけるようになってきた。これらの機会を利用し、子どもの頃から漬物に親しみを持たせる環境作りも必要であろう。そのためには、学校行事への参加や漬物工場見学などを積極的に行うことも有効と思われる。子どもの頃から漬物に対する関心を高め、親しみを持たせるには、長い時間をかけた地道な努力や工夫、啓蒙が必要であろう。

④ 地域特産漬物の開発と普及

最近、「デパ地下」の食品売場では、地産地消に合わせた地元の生鮮野菜や加工食品が売場に並ぶようになった。また、幹線道路に設けられている「道の駅」でも、地元産のさまざまな食品が販売されている。地元の農産物を使った新製品開発も盛んに試みられており、たとえば、東京では、「馬込半白キユウリ」や「亀戸大根」、「練馬大根」など、伝統的な江戸野菜や伊豆諸島産の「アシタバ」を利用した漬物や佃煮などの製品開発が行われている。全国どこに行っても買うことができる全国区的な漬物も良いが、地元でしか買うことのできない地域の漬物を育てていくことも必要であろう。

(3) 新たな試み

わが国の総人口が減少に転じ、高齢化社会が急速に進行している状況の下で、低迷を続けているわが国の漬物産業の回復を図り、発展させていくには、新しいタイプの漬物や今までの漬物とは異なる利用法、たとえば調理素材としての漬物の開発など、新たな市場開拓が求められている。

浅漬、たくあん漬、らっきょう漬、福神漬など、わが国で生産されている漬物の多くは、調理することなくそのままの形で食べられている。しかし、海外の漬物は、スープ、炒め物、麺類、鍋物の具材など、調理素材としても多面的に利用されている。ザワークラウトはソーセージなどの肉加工品と炒めると、漬物から得られる風味と混ざり合いさっぱりとした味付けになる。中国の搾菜《ザーツァイ》や泡菜《パオツァイ》などは、炒め物やスープなどの調理素材として広く利用されている。また、韓国でもキムチは調理素材として広く調理に利用されている。漬物は油で炒めると、よりおいしくなる場合が多い。高菜漬けの油炒めが良い例である。とくに、ごま油によって炒められたものは、調理素材としても有望で、肉類との相性も良い。また、伊勢沢庵などしっかり漬け込んだ漬物を細切りして生野菜に混ぜ込むと、味覚的にも、また噛み応えなどの点でもアクセントになり、一味違ったサラダや酢の物になる。このときは、加える塩の量を加減することが大切である。現在ある漬物の利用法の拡大と調理素材的漬物の開発を考える必要がある。

ほかの食品とのコラボレーションを積極的に行うことも有効と思われる。女性に人気のピクルスなどはパン食との相性も良い。また、漬物はチーズなどとの相性も良い。漬物は食事の名脇役である。その役目を十分に発揮できる組み合わせを模索することにより、新たな商品が開発されることも期待したい。それには調理分野の専門家を加えた製品開発およびPRが望まれるところである。

団塊の世代が定年を迎え、ますます高齢者が増大している時代となった。日本は、平成22（2010）年に高齢者はすでに人口の20％に達し、2025年には30％に達することが予想されている。一方、団塊の世代は、パソコンやインターネットを駆使できる世代でもある。インターネットを利用した販売も各メーカーで活発に行われるようになってきた。さまざまな分野とのリンクを積極的に行い、各地方で育まれてきた名産漬物の普及や販路拡大も期待したい。

三、漬物の原材料

1　農産物食材

漬物の主原料は野菜である。漬物に適した主な野菜品種を図表3—1に示した。

漬物加工には、虫害や「ス」(大根・カブにみられる空隙)がなく、色つやの良いものを選ぶ。品質の悪い野菜原料を用いた漬物は通常のものよりも色や形状が劣り、歯切れの悪い製品ができる。漬物を製造する際には、よい原料を使うことが原則である。

野菜を利用部位別に分類すると、葉菜類・茎菜類・花菜類を含む葉茎類と、穀物類・マメ類・発芽野菜・果実的野菜を含む果菜類、イモ類を含む根菜類、それに菌茸類などとなる。以下、漬物に

図表3-1　漬物に適した主な野菜品種

漬　物	適した野菜品種
白菜調味浅漬	新理想、黄ごころ80、優黄、黄ごころ85
高菜調味浅漬	広島菜、山形青菜、三池高菜、縮緬高菜
野沢菜調味浅漬	野沢菜
ぬかみそ漬	ときわ、四葉（キュウリ）
三五八漬	ときわ、四葉（キュウリ）
しょう油漬	ときわ、四葉（キュウリ）
みそ漬	大蔵大根
粕漬	あわみどり、桂、沼目、黒門、青しまうり（シロウリ）、さちかぜ（キュウリ）
酢漬	早太り聖護院
なすからし漬	民田ナス、窪田ナス
たくあん漬	新八州、白秋、八州、耐病西町理想 耐病干し理想（大根）、練馬尻細大根
べったら漬	新八州、白秋（大根）
千枚漬	早生カブ、寄居カブ、聖護院カブ

資料：佐竹秀雄「食品加工シリーズ　漬物」農山漁村文化協会（1999年）を基に作成

使われる食材について、分類ごとに述べる。

(1) 葉菜類

主に葉の部分を食用とするもので、いわゆる葉物である。キャベツなど丸い形の結球性葉菜類とホウレンソウや小松菜など葉が開いた非結球性のものがある。

① 白菜

【起源】中国原産。7世紀頃、華北で栽培されていたカブと華南で栽培されていたツケナが自然交雑し、白菜の原型が生まれたとされる。不結球の白菜は江戸時代後期に渡来、その後、明治時代に多くの白菜種子が導入された。なかでも山東系の白菜が、わが国の白菜の原型になった。

【特性】アブラナ科。主な産地は茨城県、長野県、愛知県。現在は、主な栽培品種だけで150種以上ある。株の形態により結球性、半結球性、不結球性に分けられる。日本でもっとも多く出回っているのは結球白菜で、頭部の葉は重なり、芯は幅広で肉厚。半結球白菜は主に漬物用で、胴部がしっかりしまり、頭部が開いていて、葉肉は薄く日持ちする。なお、結球性でも頭の部分が重ならない砲弾形のものが漬物に適する。

② キャベツ

【起源】地中海沿岸やヨーロッパの大西洋沿岸に自生する野生種から進化したと考えられる。形は球ではなく、現在のような結球したキャベツは13世紀に記録があり、この頃から改良が進められた。わが国には江戸時代の宝永年間にオランダ人によってもたらされた。明治になって本格的な栽培が始まり、当時甘藍《かんらん》という名が用いられ、一般にはタマナとよばれていた。

【特性】アブラナ科。主な産地は愛知県、群馬県、千葉県。作型は柔らかい春キャベツ・冷涼地で栽培される夏秋キャベツ・球がしまった冬キャベツに分けられ、指定産地制度により市場には毎月、ほぼ同程度のキャベツが出荷されている。

グリーンボールは小ぶりで丸く、主に春に出回る。葉は厚めだが柔らかく、漬物に適している。葉が硬めの紫キャベツは、色素のアントシアニンがゆでると落ちてしまうために生食が向く。甘酢に漬けると色鮮やかになる。

③ カラシナ

【起源】中央アジア起源の作物で、ナタネとクロガラシとの自然交配により成立したと考えられている。カラシナ類は『本草和名』（897~930年）や『延喜式』（927年）のなかで「加良之《からし》」、「太加奈《たかな》」あるいは「芥子《からし》」と表され、古く中国から渡ってきた野菜である。渡来したカラシナは、葉にも種子にも辛味があることからこの名でよばれている。種子を粉末にしたものがカラシである。関東以東では「葉カラシ」、「根カラシ」として、カラシ粉を採取する原料あるいは野菜として定着したのに対し、西日本、とくに九州では葉の発達したタカナが多く、漬物用として利用されている。関西では、カラシナのことを高菜と呼ぶことが多い。

【特性】アブラナ科、葉や茎はやわらかく辛みがある。

④ タカナ（高菜）

【起源】中央アジア起源の作物で、ヨーロッパ東北部から東アジアに及ぶ。『本草和名』に「菘（シユウ、スズナ）」と書かれており、古くから栽培されていた。中国から伝えられたもので、九州での栽培が多い。九州北部には漬物野菜のカラシナ類として三池《みいけ》高菜、山潮菜《やましおな》、カツオ菜がある。それぞれ多少の違いはあるが、辛味を有している。

現在、高菜として知られている幅広・肉厚のものは、明治期に中国四川省から奈良県に導入された青菜《せいさい》が、山形、福岡など各地に拡がったものである。和歌山・三重にまたがる熊野地方では、高菜漬でおにぎりを包む「めはりずし」が名産品となっている。

山形地方では山形青菜や蔵王菜の名となり、福岡に入ったものは瀬高《せたか》地方で改良され、三池高菜となった。

三池高菜はカラシナ類のなかではもっとも大型で、一株2kg以上になる。三池高菜は中国四川省から導入された「柳河高菜」と在来品種である「紫高菜」が自然に交配したものである。大正年間に福岡県三池地方で栽培が広がり、選抜を重ね「三池広茎赤高菜」がもっとも優良なものとして栽培されている。

カツオ菜（福岡周辺で古くから栽培されている伝統野菜で、正月の雑煮に欠かせない葉菜）、広島菜なども高菜の一種。

【特性】アブラナ科カラシナの一変種で葉が発達したもの。カラシ油成分を含むため、菜漬にすると特有の辛さと風味があり、長く貯蔵できる。

⑤ 野沢菜

長野県下高井郡野沢村で宝暦年間（1750年頃）に村の住職である晃天園瑞《こうてんえんずい》が京都から持ち帰った天王寺カブの種子から育てた品種といわれている。天王寺カブは関西地方で栽培される、色は白くきめの細かい甘味を有するカブである。カブナの仲間は葉がよく成長するのが特徴で、根は肥大する傾向がみられるが、野沢菜の場合は気温の低い長野地方で栽培されているうちに、根が肥大することなく葉が大きく成長するようになったものと考えられている。別名、三尺菜。野沢菜は葉柄の断面が丸くて肉が厚い。塩漬にすると独特の粘り気のある風味を生ずる。

⑥ シソ

【起源】 シソはヒマラヤからミャンマー、中国の辺りに自生する一年草。わが国には古くからあり、縄文遺跡からもシソの種実が出土している。

【特性】 シソ科。生産量が多いのは愛知県。青ジソと赤ジソがあり、梅漬などで赤く着色させるには赤ジソを使用する。一方、香りを目的に使う場合は青ジソがよい。また、赤・青とも葉が縮れた縮緬《ちりめん》種があり、さらに香りがよい。

(2) 茎菜類

主として茎を食用とする。アスパラガスやウド、ワケギなどが含まれる。

① タマネギ

【起源】 中央アジア原産と考えられている。古代エジプトに伝わり、ピラミッドを築く労働者にニンニクとタマネギを食べさせたと伝えられるように、当時から作物化されていたとみられる。日本へは江戸時代に長崎に伝わったようであるが、本格的な栽培は明治以降のことである。

【特性】 ネギ科。北海道が生産量の約50％を占める。一般的な黄タマネギは、収穫後皮を乾燥させてから出荷するため、保存性が高い。サラダオニオンとよばれる白タマネギや早生の新タマネギは、2～4月に出回り、生食に向く。ミニサイズのペコロスはピクルスにしてもおいしい。

② タケノコ

【起源】一般的なタケノコである孟宗竹《もうそうちく》は中国原産。日本へは江戸時代に伝わる。

【特性】イネ科。タケノコはタケ類の若い茎の総称で、タケノコを食べるのは東アジアの一部の国である。生産量は福岡県など九州が多いが、消費量の大半は中国からの輸入品。涼しい地域で育つ根曲がり竹（姫竹）は、穂先がやわらかく、アクが少ないのでそのまま調理する。同じく細長い淡竹もアクが少ない。寒さに強いため北海道でも育つ。真竹は苦みがあり苦竹ともよばれる。収穫が遅く6~7月頃である。

(3) 花菜類

① カリフラワー

【起源】カリフラワーはキャベツの変種で、ブロッコリーの突然変異による白化と考えられている。わが国へは明治初期に導入され、花はぼたんとよばれた。

【特性】アブラナ科。もともとは花が退化した作物で、花蕾《からい》を食用にしている。品種としてはオレンジカリフラワーや紫カリフラワーがある。茶色や黒いシミのあるものは避けるようにする。円錐型の花蕾であるロマネスコは、食感がブロッコリーに似ている。

② ミョウガ

【起源】アジア東部原産。わが国には本州から沖縄まで野生のものがある。大陸からショウガとともに持ち込まれたときに、香りの強いショウガを「兄香《せか》」、ミョウガを「妹香《めか》」とよび、これがミョウガとなったという説がある。現在、ミョウガとよんでいるのは花穂の部分で、花穂のなかには複数の花があって黄色い花が咲く。

【特性】ショウガ科。高知県が80％近くを生産。6～8月に収穫される夏ミョウガと8～10月に収穫される秋ミョウガがあり、秋ミョウガの方が大きい。ミョウガの若い茎はミョウガタケとして出荷される。香りがよく、3～7月がシーズンである。

⑷ 根菜類

地下部分の茎や根を食用とするもの。貯蔵栄養分を蓄えており、かつて準主食的な性格が強かった。イモ類、ワサビ、レンコンなどが含まれる。

① 大根

【起源】地中海あるいは中近東原産と推定される。ヨーロッパに普及したのは15、16世紀頃で、一般に小形である。一方、中国には古代に渡来したとされており、わが国では『日本書紀』や正倉院文書に表されている。春の七草のひとつ「すずしろ」として知られ、江戸前期にはすでにいくつかの品種が成立している。この頃、貯蔵法として漬物や切干大根などへの加工が始まった。たくあん漬は江戸前期の臨済宗の僧、澤庵和尚が始めたとされているが、米ぬかと塩で漬けたもので、当時の庶民にはなかなか手が届かなかった。元禄時代に精米が一般的に行われ、ぬかが豊富に出回るようになった。練馬大根の産地では農家の副業としてたくあんが漬けられるようになり、一般に広まった。

【特性】アブラナ科。市場に出回っているのは青首大根であるが、古くからある美濃早生《みのわせ》、練馬、大蔵など白首系はたくあん用に多く使われる。守口《もりぐち》大根（発祥は大阪府、現在は愛知県）は世界最長、桜島大根（鹿児島県）は世界最大の大根である。耕土の浅い土壌には、宮重《みやしげ》系（尾張大根）など短小な品種が、逆に深い土地には練馬系が多い。

漬物の種類別に適する品種をみると、たくあん漬では練馬・宮野・阿波晩生がよい。早漬たくあんでは美濃早生大根が、べったら漬では美濃早生・秋大根・三浦大根がよいとされている。みそ漬には阿波晩生・大蔵（東京都）・中国から伝わった衛青《あおなが》が適する。粕漬では守口・桜島・方領（愛知県）、酢漬には聖護院が向いているとされる。

②カブ

【起源】ヨーロッパ原産、日本には中国を経て渡来し、栽培の歴史は古い。多くの地方品種が分化している。

【特性】アブラナ科、ナタネの変種で根が肥大する。天王寺（大阪府）、聖護院・酸茎菜《すぐき》（京都府）、津田（島根県）、日野菜（滋賀県）、伊予緋《ひ》（愛媛県）は東洋系品種。温海《あつみ》（山形県）、開田（長野県）、飛騨紅（岐阜県）、金町（東京都）は洋種系品種。大根に比べて肉質が緻密で柔らかく、葉も利用できて漬物に適している。信州地方の野沢菜もアブラナ科だが、カブ由来の変種と考えられる。

③ニンジン

【起源】ヨーロッパ原産。15世紀以降、オランダやフランスで品種改良が進められた。わが国へは16世紀に東洋系のニンジンが中国から渡来したとされる。現在のような西洋系のものが伝わったのは、江戸後期になってからである。

【特性】セリ科。北海道や千葉県で多く生産されている。日本で分化した品種は長さで分けられ、主流は五寸ニンジンである。東洋系のニンジンは紫や白色などであったが、現在残っているのは、甘みの強い金時ニンジン（京ニンジン）のみである。金時ニンジンは関西で主に正月料理に使われる。

④ゴボウ

【起源】野生種は中国北部からヨーロッパにかけて分布している。栽培化し食用にしているのは日本のみと思われる。江戸時代には重要な野菜として位置づけられていた。

【特性】キク科。主産地は青森県や茨城県。耕土の深い関東では滝野川ゴボウなど細長い品種が、関西では根が短く香りのよいタイプが栽培されている。初夏に出回る新ゴボウは、やわらかく香りもよい。

⑤ラッキョウ

【起源】ラッキョウの栽培は中国で始まったと考えられ、古代日本に渡来して栽培されたようである。なお、国産のエシャロットは近年、軟化栽培して商品化されたラッキョウで、外国のエシャロット（小型のタマネギ）とは別物である。

【特性】ネギ科で花は咲くが種はできない。鹿児島県、鳥取県、宮崎県が生産地としてよく知られているが、近年は、中国からの塩蔵原料の輸入が増加している。

品種としては、大型のらくだと八房《やつぶさ》がある。八房は、形はよいが栽培に手がかかる。玉ラッキョウは花ラッキョウ用として導入されたものである。

⑥ショウガ

【起源】インド、マレー地方が原産といわれ、古くから温暖なアジアの広い地域で栽培される。日本には3世紀以前に渡来している。

【特性】ショウガ科。高知県が生産量の半分近くを占める。ショウガには塊茎の大きさから大ショウガ・中ショウガ・小ショウガがある。大ショウガは辛味や繊維が少ない。ゆえに甘酢ショウガには大ショウガが、紅ショウガには中・小ショウガが向いている。なお、寿司に添えられるガリや焼き魚に添えるはじかみは、魚の生臭みを消すなどの口直し効果や殺菌効果がある。秋の彼岸頃に出回る新ショウガは辛味が少なく歯切れがよく、さわやかな香気がある。

(5) 果菜類

果実や種実を食用にする。ナスやトマトなどナス科、キュウリやカボチャなどウリ科、それにインゲン豆やエンドウなどマメ科などが含まれる。

① キュウリ

【起源】ヒマラヤ山麓が原産といわれ、有史以前に西方に伝わり、古代エジプトではすでに栽培されていた。わが国へは10世紀頃には知られていたが、江戸時代の終わり頃まで薬物として利用されていた。現代では世界各地で栽培されており、品種の数が多い。

【特性】ウリ科。欧州系のキュウリはピクルスなどに利用されている。東洋のものは華南系と華北系があり、華北系の品種である白いぼ種が現在、市場に出回っている。また、同じ華北系の四葉《すうよう》キュウリは、きれいな緑色で肉質がしまり、種子部が少ないために漬物に適している。ただし、日持ちせず、形が悪い。支那三尺や毛馬《けま》（大阪府）などは昔、粕漬専用に栽培されたものである。

② シロウリ

【起源】インド原産。メロン類の変種で、中国で成立したとみられる。わが国へは古代に渡来した。肉厚で軟化しないためにカタウリともよばれた。肉厚で組織が緻密なために奈良漬の代表的な材料になっている。一部地方でツケウリ、ナラヅケウリともよばれる。

【特性】ウリ科。漬物用としては、繊維が少なく肉質が厚いものがよい。関東地方で昔から栽培されてきた東京大越瓜《しろうり》は、大型だが肉質が厚い。中部地域で栽培されている青ウリは、愛知県ではカリモリと呼ばれ、小型で肉質がしまって食感がよい。通常未熟果を緑色のときに採り、粕漬などに利用する。

③ ナス

【起源】インド東部原産で、有史以前から栽培されていた。わが国では、『延喜式』にはすでに漬物加工についての記述がみられる。古くから重要な野菜とされており、各地に多くの在来品種がある。これらを分けると、色からは紫黒色・青茄・白茄・黄茄があり、形状からは丸茄・中長茄・長茄にわけられる。

【特性】ナス科。中ナスの「千両」（岡山県）・「式部」（山形県）、中長ナス「筑陽」（熊本県）・「黒陽」、小長ナス「真仙中長」・「羽黒」・「仙台」、そして小ナスとして「民田」・「窪田」・「十全早穫り」がある。最近、流行の水ナスは「泉州」・「紫水」が使われる。

(6) その他

山菜は山野に自生する食用植物の総称で、キノコは山菜に含まれることがある。また、各地域には特有の地方野菜があり伝統野菜と呼ばれる。

① 山菜

野生植物でありアクが強いものが多い。代表的な山菜であるワラビはアク抜きをしないと中毒（ワラビ中毒）を起こすため、そのままでは食べられない。

ワサビはアブラナ科に属し、東洋原産で日本では古くから野生に近い栽培が行われていた。わさび漬は、ワサビの地下茎を刻んで使われる。

フキノトウはキク科フキの花茎部分で、つぼみの状態で採取される。「きゃらぶき」はフキの葉柄部分を使用する。

山菜の需要増加にともない、現代では畑での栽培も行われ、漬物原料の安定的な供給に貢献している。

② キノコ

・シイタケ……ホウライタケ科。現在、原木栽培と菌床栽培の2種類の栽培法で作られる。原木栽培のものは歯切れが良く、乾燥シイタケに使用される。菌床栽培のものは肉質がややわらかめで風味は劣るが、日持ちが良い。

・ブナシメジ……シメジ科。風味がよくどんな料理にも合う。なお、「香りマツタケ、味シメジ」のシメジはホンシメジという希少価値の高いキノコで別物である。野生のブナシメジは大型でしっかりした風味を有する。

・エリンギ……ヒラタケ科。地中海性気候地域周辺が原産である。日本では90年代に初めて人工栽培が行われ、それ以降急速に普及した。歯ごたえはよいが風味に欠ける。

・ナメコ……モエギタケ科。カサが開かないうちはキノコ全体を粘液が覆う。このゼラチン質はムチンで、長イモやレンコン、昆布などにも含まれる。天然のものはあまり出回らず、ほとんどはおがくずなどを使った菌床栽培によるものである。原木栽培したものはカサが大きく歯ごたえがあり、天然物に近い風味が楽しめる。

・エノキタケ……キシメジ科。野生のものは褐色で丈も低く、人工栽培のものと味も外観も驚くほど異なる。人工のものはビンで栽培され、最近は野生種と掛け合わせた茶色のものもみられる。

③ 伝統野菜

各地で古くから栽培されてきた在来作物。大量生産・大量消費の時代になって生産量は減少していた。近年、郷土の食文化を支える「個性豊かな在来野菜」の重要性が見直されるようになり、また地産地消の商品として再び注目されている。京の伝統野菜、なにわの伝統野菜、加賀野菜、大和野菜、江戸野菜、飛騨・美濃伝統野菜のほか、在来作物の宝庫といわれる山形県にはカブやキュウリなど多くの在来品種がある。庄内地方の藤沢かぶ、温海かぶ、田川かぶなどは焼き畑で栽培され、甘酢漬けとして加工されている。

2 副材料

(1) 食塩

漬物の副材料のなかでもっとも多く使われるのが食塩である。浅漬などは低塩化により、1～3%のものが多くなったが、野菜の塩蔵や下漬には、多くの食塩が使われている。市販されている漬物製品の食塩濃度は年ごとに低塩化している。図表3―2に市販漬物の種類別食塩濃度を示した。以前は、食塩濃度が10%を超える漬物が多かったが、現在は、低塩度のものが主流となっている。漬物の種類や保存期間によっても使用する食塩濃度は異なってくる。種類別の一般的な使用食塩濃度を図表3―3に示した。

塩の専売制度が平成9（1997）年に廃止さ

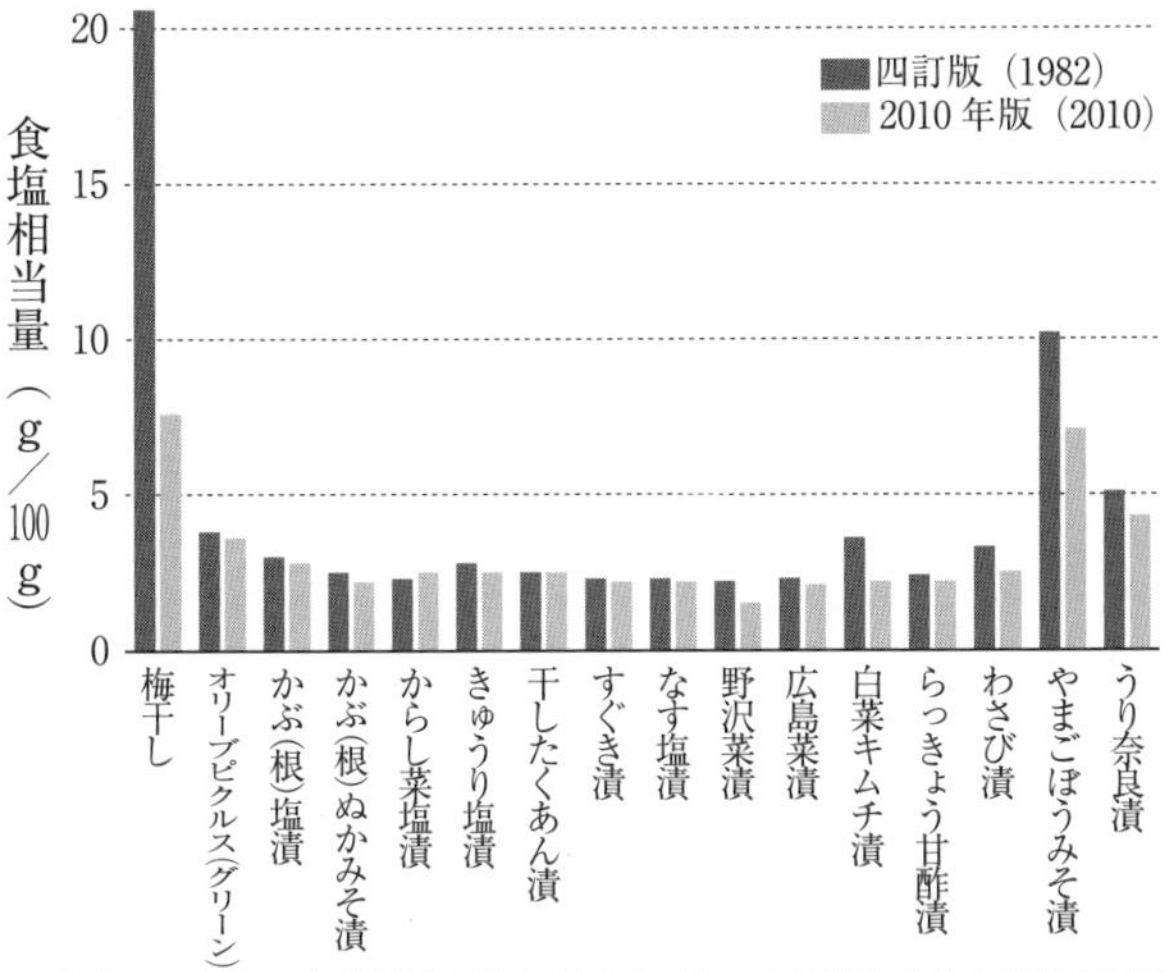

資料：四訂日本食品標準成分表（1982）、日本食品標準成分表2010（2010）

図表3-2　市販漬物の種類別食塩相当量

図表3-3　おもな漬物の種類と食塩の使用量

漬物の種類	材料に対する使用量
一夜漬（浅漬）	2%
早漬	3〜5%
保存漬（1カ月）	6%
保存漬（2カ月）	7〜8%
保存漬（3〜6カ月）	9〜14%
長期塩蔵品（6カ月以上）	15%以上

図表3-4　おもな塩の成分表示

種　類	食塩相当量	Na	K	Ca	Mg
単　位	g/100g	mg/100g			
食　塩	99.1	39,000	100	22	18
並　塩	96.5	38,000	160	55	13
精製塩	99.1	39,000	2	0	87
赤穂天塩*	92.0	36,000	5〜80	5〜70	550
珠洲の海*	96.5	38,000	110	179	390

資料：五訂増補日本食品成分表（2005年版）による100g中の含有量
*市販品

れ、イオン交換膜製塩法による精製塩だけでなく、各地で製造される海塩や輸入岩塩、輸入天日塩など、塩の種類も多くなった。精製していない塩はカルシウム、マグネシウム、カリウムなどのミネラルも含むので、それらのミネラルを必要とする乳酸菌が重要な働きをする発酵漬物には適した塩である。カルシウムは、軟化防止や歯切れを向上させる効果をもっている。一般的な組成を図表3―4に示した。

〔漬物における食塩の働き〕

1）主に浸透圧によって微生物の増殖を抑制し、漬物の保存性を向上させる。食塩濃度の調整により、有害菌を抑制するとともに乳酸菌や酵母などの有用菌の増殖を促し、良好な発酵風味を付与する。

2）生野菜の細胞を脱水し、活性を停止させるとともに、組織を柔軟にし、漬物として食べやすくする。

3）浅漬のように低塩度の漬物では、野菜が有する酵素を制御することで、野菜の「青臭み」や「アク」を除去し、浅漬としての風味を形成する。

4）漬物としての歯切れの付与、変色・退色を防止する。

(2) しょう油

しょう油は主にしょう油漬に用いられるが、色、香り、風味などによって漬物に合うものを選択する。しょう油はJAS（日本農林規格）によって等級が決められているので、必要に応じて選択する。天然の材料でのみ醸造されたしょう油には、「本醸造」の表示がされている。図表3―5にしょう油の種類と主原料、組成を示した。

図表3-5　しょう油の種類と主原料および成分

種類	主原料	食塩(%)	全窒素(%)
濃口しょうゆ	大豆・小麦・食塩	16〜17	1.5〜1.6
薄口しょうゆ	大豆・小麦・食塩	18〜19	1.15〜1.2
たまりしょう油	大豆・食塩	16〜17	1.6〜3.0
再仕込みしょう油	大豆・小麦・しょう油・食塩	12〜14	1.6〜2.5
白しょう油	大豆・精白小麦・食塩	17〜18	0.4〜0.6

資料：(財)日本醤油技術センター

図表3-6　おもなみその原材料および成分

(100g当たり)

種類	主原料	食塩相当量(g)	たん白質(g)
甘みそ(白みそ)	米·大豆·食塩	6.1	9.7
米みそ(淡色辛みそ)	米·大豆·食塩	12.4	12.5
米みそ(赤色辛みそ)	米·大豆·食塩	13.0	13.1
麦みそ(赤みそ)	麦·大豆·食塩	10.7	9.7
豆みそ(赤みそ)	大豆·食塩	10.9	17.2

資料：五訂増補日本食品標準成分表（2005）

(3) アミノ酸液

植物性のたん白質を酸分解したもので、グルタミン酸などうま味成分の元であるアミノ酸を多く含む。漬物製造でしょう油を使う場合、多く入れると製品の色調が暗くなり、逆に控えるとうま味を補う必要があるため塩分を増やしがちとなる。また、浸透性が悪く使いにくい場合も多い。一方、アミノ酸液は、全窒素量が高いことから、しょう油の短所を補うことができる。

(4) みそ

みそは地方色豊かなものがあり、その地方で製造されるみそ漬に利用される。みそには米みそ、麦みそ、豆みそなど原料や食塩濃度、色、風味などに違いがあることから、漬物に合わせたみそを使用する。図表3―6におもなみその種類と成分を示した。

(5) こうじ（麹）

こうじは、主にこうじ漬の漬床として使用される。こうじの使用に当たっては、色が白く、特有のこうじ風味を有し、酸臭、カビ臭、異臭のないものを用いる。

(6) ぬか（糠）

ぬか漬などに使用する。漬物に適したぬかは色調がよく、酸臭や異臭がなく、新鮮なものを使用する。

(7) 酒粕

酒粕は、主に粕漬に使用するが、一般的には板粕を踏み込んで熟成させたものを使う。通常、奈良漬に用いる酒粕は、常温で保存しておいたもので、褐色に色づいたものを使用する。酒粕に加え、みりん粕を使用することも多い。酸味や異臭がなく、酒粕特有の風味を有する良好なものを選択して使用する。一方、わさび漬に用いるものは、白いものを使用する必要があるので、冷蔵庫で保存されたものを用いる。通常、酒粕は糖分とアルコールをそれぞれ4％前後含んでいる。

(8) 甘味料

漬物に使用される甘味料としては、主に砂糖が使用されるが、砂糖を多く使用する場合は、浸透圧の影響により素材が収縮し、歯切れなどが悪くなる場合がある。それを防ぐには、濃度の低いところから漬け始め、徐々に濃度を高めていく方法がとられる。砂糖は、べたつきやすい傾向があるので、濃度が高い場合は風味や食感を損ないやすい。したがって、さっぱりとした甘味を付与させたい場合は、ステビアなどが利用される。ステビアはキク科の植物であるステビアから抽出した甘味成分で、砂糖の約30～60倍の甘さがあるといわれている。この他、甘草から抽出したグリチルリチンやアセスルファムカリウム、アスパルテームなどの合成甘味料も利用されている。

⑼ 酸味料

漬物の酸味料としてもっとも多く使用されるのが醸造酢で、らっきょう漬や千枚漬などの酢漬や、白色を保持する目的から利用される。pHを調整することにより、保存性を高める目的に使用されることも多い。醸造酢としては、酢酸濃度を高めた高酸度酢が使用される場合が多い。酢以外では、クエン酸や乳酸、フマル酸、アジピン酸などが風味づけあるいはpH調整剤として使用される。

⑽ 香辛料

近年は、キムチ、ピクルスなどにみられるように、香辛料を使用した漬物が製造されるようになった。原料にも使われるニンニク、ショウガのほかに、風味づけ用として、唐辛子が使用される。中国の漬物は香辛料を使用したものが多く、八角（大茴香《ういきょう》）、小茴香（フェンネル）、桂皮（シナモン）、陳皮《ちんぴ》などが使われる。唐辛子は、キムチの原料として大量に使われる。キムチには辛味はあまり強くなく甘味、旨味をあわせもつ韓国・中国産の大房種が適している。辛味を付与する目的では、辛味の強い鷹の爪、三鷹など小型種の輪切りを使う。

(11) 調味料

漬物の風味が単純な場合に、味覚を向上させる目的から調味料が利用される。調味料には植物や動物から抽出あるいは加水分解することによって得られるアミノ酸系、核酸系呈味成分を含む天然の調味料が使用されるほか、アミノ酸としてグルタミン酸ナトリウム、グリシン、アラニンなどが利用される。また、アルコールも風味を向上させる目的から多く利用されるが、それ以外に保存性向上の目的からも使用される。

(12) その他の食品添加物

漬物に使用される添加物にはこれらのもののほかに、酸化防止の目的のビタミンC（アスコルビン酸）、粘度を付与するための糊料、着色料（天然系のものと合成系のものがある）、保存料（ソルビン酸）などが漬物の種類に応じて使用限度内で利用されている。現在は、化学合成品は消費者に敬遠される傾向があるので、多くのものが天然由来のものになっており、日持向上剤もキトサン（カニの甲羅から抽出）、カラシ抽出物など天然物由来のものが使用される傾向にある。

四、漬物の種類と製造方法

1　漬物の分類と特徴

「漬物の衛生規範」では、漬物の定義を以下のようにしている。「通常、副食物として、そのまま摂食される食品であって、野菜、きのこ、海藻等（以下「野菜等」という。）を主原料として、塩、しょう油、みそ、かす（酒かす、みりんかす）、こうじ、酢、ぬか（米ぬか、ふすま等）、からし、もろみ、その他の材料に漬け込んだものをいう。」

また、「農産物漬物品質表示基準」（平成27〈2015〉年改正）による定義では、漬物とは「農産物（山菜、きのこ及び樹木の花、葉等を含む。以下同じ。）を塩漬け（塩漬けの前後に行う砂糖類漬けを含む。）し、干し、若しくは湯煮したもの若しくはこれらの処理をしないもの又はこれに水産物（魚介類及び海藻類をいう。以下同じ。）を脱塩、浸漬、塩漬け等の処理をしたもの若しくはしないものを加えたもの（水産物の使用量が農産物の使用量より少ないものに限る。）を塩、しょうゆ、アミノ酸液（大豆等の植物性たん白質を酸により処理したものをいう。以下同じ。）、食酢、梅酢、ぬか類（米ぬか、ふすま、あわぬか等をいう。以下同じ。）、酒かす（みりんかすを含む。以下同じ。）、みそ、こうじ、若しくは赤とうがらし粉を用いたものに漬けたもの（漬けることにより乳酸発酵又は熟成しないものを含む。）又はこれを干したものをいう。」となっている。

わが国には数多くの漬物があるが、それらは主に漬床や漬液の違いによって10種類に分類されている。定義に当てはまらない「その他の漬物」を除き、まとめたのが図表4—1である。

これらを保蔵・流通の面からみると長期保存が可能なものには、刻み漬（福神漬など）のように包装後、加熱殺菌したものや酢漬や粕漬のように漬床のpHを下げる方法、食塩やアルコールなどを加えることにより保存効果を高めたものがある。

長期保存は困難であるが、比較的保存性が良いものには、すぐき漬やしば漬のような乳酸発酵によるpHの低下によって保存性を高めている漬物もある。一方、保存性に乏しい漬物には、食塩濃度が2％前後と低いことから、微生物が容易に増殖しやすい浅漬類がある。

漬物を分類別に分け、それぞれ主な漬物の特徴と製造方法について紹介する。

2　塩漬

塩漬は、野菜などをそのまま、または前処理した後、塩を主とした材料で漬け込んだものおよび一夜漬（生鮮野菜など〈湯通しを経た程度のものを含む〉を、塩を主とした材料で12時間から48時間漬け込んだもの）をいう。野沢菜漬、高菜漬、広島菜漬、らっきょう塩漬、つぼ漬、しょうが塩漬、梅漬、梅干し、白菜漬、一夜漬（浅漬）などがある。野沢菜漬、高菜漬、広島菜漬は、しょう油を使う場合はしょう油漬に分類される。

野沢菜・高菜・広島菜の塩漬は、白菜・キュウリなどの浅漬とほぼ同様の製造工程であるが、梅干しやしその塩漬などとは工程が異なる。図表4—2に各種塩漬の製造工程を示す。

図表4-1　JAS法による漬物の分類と定義

農産物 ぬか漬け類	次に掲げるものをいう。 1 農産物漬物のうち、ぬか類に砂糖類、塩等を加えたもの(以下「塩ぬか」という。)に漬けたもの 2 1を砂糖類、果汁、みりん、香辛料等又はこれらに削りぶし、こんぶ等を加えたものに漬け替えたもの 3 1を塩ぬかに砂糖類、果汁、みりん、香辛料等を加えたものに漬け替えたもの
たくあん漬け	農産物ぬか漬け類のうち、干しあげ(天日干しで水分を除くこと。以下同じ。)又は塩押し(塩漬けにより水分を除くこと。以下同じ。)により脱水しただいこんを漬けたものをいう。
農産物 しょうゆ漬け類	次に掲げるものをいう。 1 農産物漬物のうち、しょうゆ又はアミノ酸液に漬けたもの 2 農産物漬物のうち、しょうゆ又はアミノ酸液に砂糖類、みりん、香辛料等を加えたもの又はこれに削りぶし、こんぶ等を加えたものに漬けたもの
ふくじん漬け	農産物しょうゆ漬け類のうち、だいこん、なす、うり、きゅうり、しょうが、なたまめ、れんこん、しそ、たけのこ、しいたけ若しくはとうがらしを細刻したもの又はしその実若しくはごま(以下「ふくじんの原料」という。)のうち5種類以上の原材料を主原料とし漬けたものをいう。
農産物 かす漬け類	農産物漬物のうち、酒かす又はこれに砂糖類、みりん、香辛料等を加えたもの(以下「酒かす等」という。)に漬けたものをいう。
なら漬け	農産物かす漬け類のうち、酒かす等を用いて漬け替えることにより、塩抜き又は調味したものを、仕上げかす(最終の漬けに用いる酒かす等をいう。以下同じ。)に漬けたものをいう。
わさび漬け	農産物かす漬け類のうち、わさびの根茎、葉柄等を細刻したものを酒かす等と練り合わせて漬けたものをいう。
農産物 酢漬け類	次に掲げるものをいう。 1 農産物漬物のうち、食酢又は梅酢に漬けたもの 2 農産物漬物のうち、食酢又は梅酢に砂糖類、ワイン、香辛料等を加えたものに漬けたもの
らっきょう酢漬け	農産物酢漬け類のうち、らっきょうを主原料とするものを漬けたものをいう。
しょうが酢漬け	農産物酢漬け類のうち、しょうがを主原料とするものを漬けたものをいう。
農産物 塩漬け類	次に掲げるものをいう。 1 農産物漬物のうち、塩に漬けたもの 2 農産物漬物のうち、塩に砂糖類、食酢、梅酢、香辛料等を加えたもの又はこれに削りぶし、こんぶ等を加えたものに漬けたもの
梅漬け	塩漬け類のうち、梅の果実を漬けたもの又はこれを梅酢若しくは梅酢に塩水を加えたものに漬けたもの(しその葉で巻いたものを含む。)をいう。
梅干し	梅漬けを干したものをいう。
調味梅漬け	梅漬けを砂糖類、食酢、梅酢、香辛料等又はこれらに削りぶし等を加えたものに漬けたもの(しその葉で巻いたものを含む。)をいう。
調味梅干し梅	干し梅干しを砂糖類、食酢、梅酢、香辛料等若しくはこれらに削りぶし等を加えたものに漬けたもの又は調味梅漬けを干したもの(しその葉で巻いたものを含む。)をいう。
農産物 みそ漬け類	農産物漬物のうち、みそ又はこれに砂糖類、みりん、香辛料等を加えたもの(以下「みそ等」という。)に漬けたものをいう。
農産物 こうじ漬け類	農産物漬物のうち、こうじ又はこれに砂糖類、みりん、香辛料等を加えたもの(以下「こうじ等」という。)に漬けたもの又はこれにぶり、さけ等の水産物を加えて漬けたものをいう。
農産物 赤とうがらし 漬け類	農産物漬物のうち、赤とうがらし粉、赤とうがらし粉ににんにく、しょうが、にんにく以外のねぎ類若しくはだいこんを細刻、小切り若しくは破砕したものを加えたもの(以下「赤とうがらし粉等」という。)又はこれらににんにく、しょうが、にんにく以外のねぎ類、だいこん以外の野菜、果実、ごま、ナッツ類、砂糖類、塩辛類、もち米粉、小麦粉等(以下「赤とうがらし粉等以外の漬け原材料」という。)を加えたものに漬けたもの(赤とうがらし粉固有の色沢を有するものに限る。)をいう。
はくさいキムチ	農産物赤とうがらし漬け類のうち、塩漬け、水洗及び水切りしたはくさいを主原料として、赤とうがらし粉等のうち、にんにく、しょうが、にんにく以外のねぎ類及びだいこんを使用したもの又はこれに赤とうがらし粉等以外の漬け原材料を加えたものに漬けたものであって、低温で乳酸を生成させ、製品の熟成度及び保存性を確保するため、容器に充填する前又は充填した後において発酵させたものをいう。
はくさい以外の 農産物キムチ	農産物赤とうがらし漬け類のうち、塩漬け、水洗及び水切りしたはくさいキムチ以外の農産物を主原料として、赤とうがらし粉等のうち、にんにく、しょうが及びにんにく以外のねぎ類を使用したもの(細刻、小切り又は破砕しただいこんを使用したものを含む。)又はこれに赤とうがらし粉等以外の漬け原材料を加えたものに漬けたものであって、低温で乳酸を生成させ、製品の熟成度及び保存性を確保するため、容器に充填する前又は充填した後において発酵させたものをいう。

1 野沢菜・高菜・広島菜

原料→水洗→塩水漬→水切り→調味液袋詰→製品

2 梅漬（梅干し）

原料→水洗→水漬→塩漬→着色→熟成→製品
（梅干しの場合は、塩漬したものを２〜３日間日干しする）

3 白菜・キュウリなどの浅漬

原料→水洗→塩水漬→水切り→調味液袋詰→製品

4 しその塩漬

シソの実→５％食塩水一晩漬→水切り→塩漬→製品

図表4-2　塩漬の製造工程

(1) 野沢菜漬

野沢菜はわが国における三大菜漬のうちの一つで、漬物のなかでも消費者によく知られた人気の高い漬物である。

長野地方では9月以降に種子がまかれ、11月になると1m近くまで成長する。葉は細長い形状をしており、軸は太い。初霜にあって葉が柔らかくなり、葉の端の部分がやや紫色になった頃に収穫される。

今日では明るい緑色の野沢菜漬に人気があることから、市場に出回っている野沢菜漬の多くは、浅漬タイプのものである。11〜2月頃の冬期には長野県産の野沢菜を用い、3〜5月の春、9〜10月の秋期は茨城、徳島、三重県などの平野部で栽培されたもの、6〜8月の夏期には八ヶ岳の高原で栽培されたものを利用して、一年中新鮮な野沢菜漬（浅漬）が食べられるようになった。

本来の野沢菜漬は11～12月頃の冬期に漬け込まれ、一冬を通した発酵により作られる。春が近づき、発酵が進むにつれきれいなべっこう色となる。べっこう色をした本来の野沢菜漬は、酸味と独特の風味を有する発酵漬物である（写真4―1）。

【製造法】

野沢菜漬は葉を使うのでカブの方は切り落とす。根元に浅く切り込みを入れてからよく洗浄し、樽のなかにていねいに漬け込みながら食塩を振っていく。一般的に食塩は菜の量に対して約5％程度使用される。ただし、早期に消費されるものは食塩を少なくし、日持ちさせたい場合はやや多めに食塩を使う。唐辛子、柿の皮、昆布、煮干しなど

写真4-1　野沢菜漬

を入れることもある。野沢菜を漬け込んだら押し蓋を載せ、重石をかける。漬け始めは菜の重量に対し約1・5～2倍のものを用いる。水が揚がったら徐々に重石を軽くしていく。

重石が軽過ぎると水の揚がりが遅くなるため、葉が固くなる傾向がある。逆に重石が重過ぎると野沢菜の軸の部分が潰れてしまい、筋張ったものになってしまうので、重石の加減には注意が必要である。

(2) 高菜漬

高菜漬には食塩濃度5％前後の浅漬タイプの新高菜と、10％前後で発酵・熟成を経たタイプの古高菜がある。

【製造法】

高菜漬の原料野菜である高菜は9月下旬～10月上旬にまきつけ、12月上旬頃定植し、4月上旬、苔《とう》が少し伸び始めた頃、雨の降らない天気のよい日に収穫する。高菜は根元から切り取り、一日干しを行う。

新高菜は、天日で乾燥させた高菜を塩水に1～2晩漬ける。重石は漬け込んだ高菜とほぼ同重量にする。1～2晩で水が揚がってくるのでこれを取りだし、容器に詰め、唐辛子を少し入れて出荷する。塩濃度は5％程度で、新鮮な味覚と明るい緑色を楽しむ浅漬に類する。一部は、氷点下30℃で急速冷凍され、一年を通して市場に出回る。

古高菜は、本漬では6～10％の食塩を用いる。食塩にウコン粉を混ぜた「ウコン塩」を使うのが一般的で、漬け上がった高菜漬は、ほど良い黄色味を帯びている。さらに発酵が進むとべっこう色になり、乳酸発酵による醸成された味と香りがついている。古漬の高菜漬はそのまま食べてもよいが、調味素材としても適しており、細かく切って油炒めにして食べてもおいしい（写真4―2）。

　平成21（2009）年、栽培が久しく絶えて、まぼろしの高菜といわれていた「相知《おうち》高菜」を前田食品工業㈲の前田節明氏が40年振りに復活させ、それを原料に「相知高菜漬」を製造している。

(3) からし菜漬

　カラシナは、葉にも種子にも辛味があることからこの名でよばれている。中国の漬物・搾菜《ザーツァイ》もカラシナの一種で、日本でもラーメンやビールのつまみなどすっかり定着している。

　カラシナには福岡の山潮《やましお》菜、久住高菜、阿蘇高菜の塩漬がある。山潮菜漬は、鼻に抜けるアリルカラシ油の辛味と独特の粘りがあるトロ味が特徴

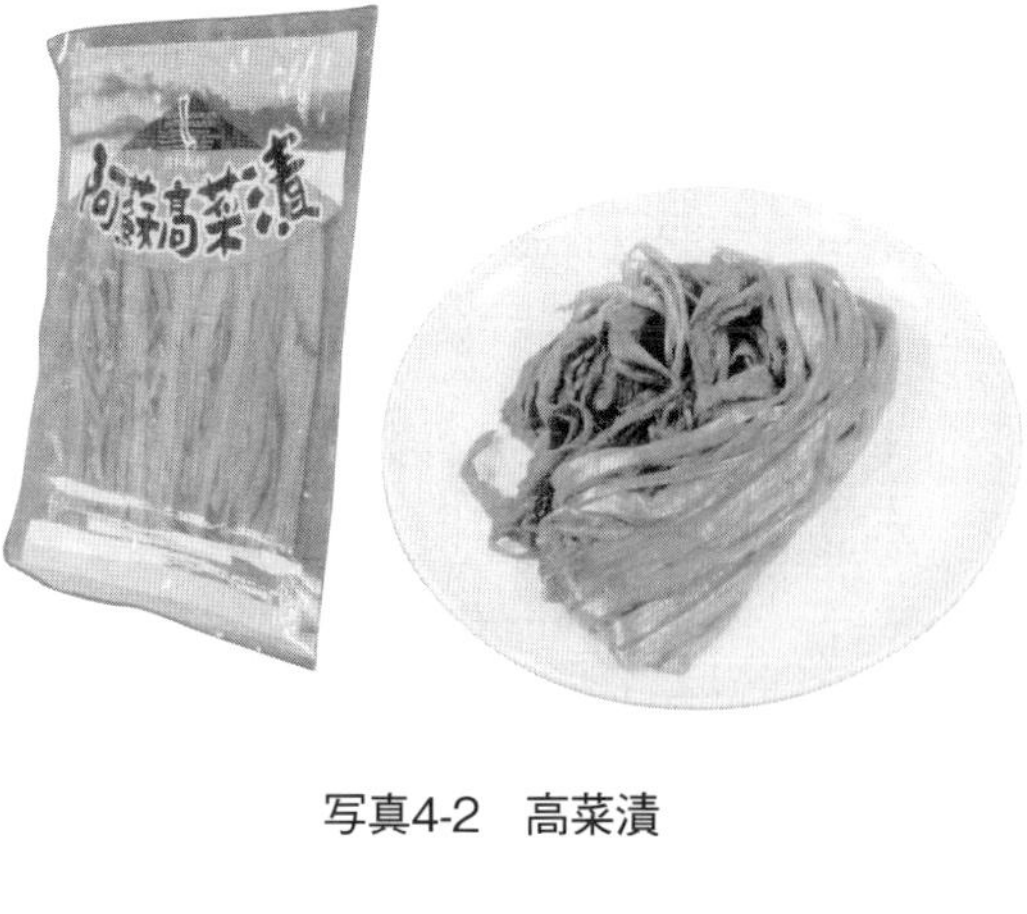

写真4-2　高菜漬

で、食塩は2、3％に仕上げる。久住高菜は大分県竹田市のローカル菜で伸長した軟らかい茎を手で折ってとり、葉柄と茎のみを漬ける。阿蘇高菜はカラシナ特有の細い葉柄で古漬にする。

⑷ 広島菜漬

広島菜は広島市の郊外にある温井《ぬくい》、中調子《なかちょうじ》、川内を中心に栽培されている。一説には江戸時代の慶長末期に安芸城主、福島正則が種を京都からも ち帰り、高菜系の在来種と交配を繰り返すうちに現在の広島菜になったものと伝えられている。もう一説は、佐東町（現在は安佐南区）に住んでいた農民が京都から京菜の種をもち帰ったことによるとされている。佐東町は太田川の下流にあり、川で運ばれてきた肥沃な堆積物が広島菜に適し、栽培が盛んに行われている。

【製造法】

浅漬タイプのものと乳酸発酵を行った古漬タイプのものがある。

9月下旬頃種をまくと11月頃には収穫できる。よく水で洗浄し下漬を行う。漬液が揚がったら、アクが強いのでその漬液を捨て二度漬する。それに米こうじ、昆布、唐辛子などを入れ、小樽で本漬を行う。素材そのものの風味が優れているので、味付けは軽く行われている。

新鮮さを強調した浅漬タイプのものは新鮮な風味と明るい緑色を保持するために、本漬後、氷点下30℃の冷凍庫に入れて急速冷凍を行い保存しておく。必要なときに出荷できるようになり、一年中新鮮な広島菜漬が食べられるようになった（写真4―3）。

写真4-3　広島菜漬

(5) 白菜浅漬

白菜浅漬は浅漬を代表する漬物で、家庭でも気軽に製造されており、市販の漬物のなかでは、もっとも人気のあるものの一つである。白菜浅漬は、白菜を2％前後の低塩度で漬けた漬物で、白菜が有する本来の風味が生きている。浅漬は江戸時代の漬物指南書『四季漬物塩嘉言』などにも記載されていることから、江戸時代から家庭漬の一つとされていた。

近年、低温流通技術や保存技術の発達により、元来家庭漬であった白菜浅漬も工場生産されるようになり、生鮮志向の時代背景のなかで、消費量が増大した。食塩濃度が低く、生鮮野菜がそのまま使用されていることから、微生物が増殖して変敗しやすいので、有機酸を用いてpHを調整し、5℃以下の低温で保存することが大切である（写

写真4-4　白菜浅漬

真4―4）。

【製造法】

浅漬のなかでも人気があり生産量が多い。原料に使われる白菜は、結球のかたいものがよい。外葉を2～3枚取り除き、また、虫害や病害のある部分も除去する。

浅漬は、低塩で殺菌工程がないので、初発菌数を落とすために洗浄はていねいに行う。塩漬は半切りした白菜の切り口を上に向けて食塩をまきながらタンクに漬け込む。食塩は白菜の約3％で、上部には食塩を多めにまき、漬込みを終えたら、押し蓋と重石をする。差し水（5～8％食塩水）は、白菜量の約30％程度が適当である。数時間で水が揚がるので、翌日、白菜の天地替えを行い、均一に漬かるようにする。下漬が終わったら、白菜と調味液を樽に入れて本漬を行う。

ポリエチレン製袋に白菜と調味液を入れて出荷する。製造から出荷まで、低温管理を徹底する。

主な配合例は次の通りである。

〈材料〉

下漬した白菜

〈白菜浅漬用調味液〉

水2・5ℓ、食塩70g、グルタミン酸ナトリウム30g、ソルビット600g、クエン酸10g、アミノ酸粉末うま味料5g

(6) きゅうり浅漬

製法は白菜浅漬とほぼ同様で、浅漬のなかでは比較的生産量が多い。丸のキュウリを2本袋詰にし、調味液を封入して販売するものと、いったん下漬し、しんなりしたキュウリを袋詰にした後、調味液を入れて販売するものがある。2%程度の食塩濃度で漬けられているので、時間が経過すると細菌の増殖により調味液が白濁し、酸味を呈するようになる。鮮度を保つために低温保存することで細菌の増殖を抑制する。

(7) なす調味浅漬

以前は、ナスの浅漬を作ることが技術的に難しかったことから、ナスの漬物の主流といえば塩蔵したナスを脱塩、調味した調味漬が一般的であった。ナスの調味浅漬は、昭和45(1970)年、栃木の森山清松氏がナスと食塩などをコンクリートミキサー状の機械で回転させる転動法を開発したことによる。浅漬に使われる原料ナスは、外皮がきれいな紫赤色を有し柔らかく、縦に切ったとき果肉が変色しないものが求められる。

(8) 野菜刻み調味浅漬

サラダ感覚で食卓に受け入れられている浅漬は、色がきれいなことが必須条件である。ナスは切って空気にさらされると酸化、変色するため刻み漬が困難であった。しかし、刻んだ後、でん粉系の炭水化物を溶かした液で切り口をコーティングする技術が開発され、ナスの刻み漬が製品化された。その他の野菜刻み調味浅漬には、ナス・キュウリ刻み漬、大根・ニンジン・シソの実刻み漬などがある。

(9) 砂糖しぼり大根

浅漬大根は低塩であっさりとした風味を有していることから、現代人の味覚に合った漬物の一つである。平成10（1998）年頃、原料の大根が中国から輸入され、量産が可能となったことから、調味浅漬の一大分野となっている。「砂糖しぼり大根」の名前の由来は、塩漬にした大根を砂糖の浸透圧で脱水させてシワをよらせることからきている。製品には一本物と半割りとがある。いずれも大根の肌を純白に仕上げることと、一本物に付いている2㎝程度の葉茎の緑色を変色させないことが肝要である。

(10) グリーンボール漬

キャベツの一品種であるグリーンボールは、小ぶりのボール型で中まで緑色を帯び、葉が肉厚で柔らかく甘味があるのが特徴である。グリーンボールの登場で、2つ割りにして塩漬した後、調味液とともに袋にパックした調味浅漬ができ、人気商品となった。ただ、グリーンボール漬は鮮度が低下しやすいので、低温管理が重要である。

(11) メロン調味浅漬

メロンは一つの苗に一つだけ実が成ると、それに養分が集中するため、早い段階でほかの未熟な果実は摘果される。摘果されたメロンを使って作られるのが、メロンの浅漬や奈良漬である。

メロンはウリ科の植物で、キュウリと同じ仲間である。調味浅漬は直径3㎝、長さ4㎝くらいの摘果メロンに包丁を少し入れ塩漬にする。その後、袋に入れ調味液を注入する。

(12) しその実の塩漬

シソは植物全体に芳香があり、日本では古くから栽培されてきた。シソニンという赤色色素の有無により、赤ジソ系と青ジソ系に分けられる。赤ジソは酸性で赤くなるので、梅酢、紅しょうが、しば漬の色出しなどに使われる。

しその実の塩漬に使用するシソの実は穂ジソともいわれる青ジソから採られる。埼玉県川越近辺、吉川町が産地で、9月中旬頃、穂先に花が残る程度の実を採集する。手でしごいて実をとり、水洗いし、塩をまぶして桶の中でよくもむ。漬液が浸出してきたら容器に漬け込む。濃い塩水を差し水し、上面に塩を少量撒布し、押し蓋の上に重石をし、押し蓋の上まで漬液を揚げて保存する。空気に触れると黒変するので注意が必要である。

(13) 菊の花の塩漬

食用菊は東北地方が本場で、盛岡、青森地域では大輪黄菊の「阿房宮」、山形では「もってのほか」とよばれる赤桃色の品種がある。八分咲きの頃、花を摘み、ただちに塩漬にする。花弁が八重で管状の色鮮やかなものが歯切れも良い。変色防止試験の結果を見ると、クエン酸0・5％を添加したものがもっとも変色が少なく色沢も鮮やかである。塩漬は押し蓋の上に重石をし、蓋の上まで漬液を揚げて保存する。1、2時間くらい水にさらして十分に塩抜きしてから料理に使う。吸い物に入れたり三杯酢にしたりするほか、青菜のお浸しなどと和えても色どりが美しく美味である。

⒁ 近江《おうみ》漬

かつて山形では、特産の山形青菜《せいさい》を漬ける際、茎の部分のみを食べて葉は捨てていた。山形に商用で来た近江商人がそれを見て「もったいない」と葉を拾って漬物にしたといわれている。本来の近江漬は、青菜10、干し大根2、大根の葉1の割合で混ぜて塩漬にする。現在では、大根の葉は入れず、干し大根は浅漬大根に代わっている。

青菜の美しい緑色がポイントであるので、乳酸発酵を抑制するよう、製造から配送まで低温管理すること、賞味期限を短くすることが重要である。

⒂ 菜の花漬

京都洛北の松ヶ崎付近は、満開の菜の花が春を告げる。このあたりは今から千年程前、宮中で食する野菜を栽培する農産地（御用田）で、油を採るために栽培されたアブラナ（菜の花）の間引き菜を漬けたのが、菜の花漬の始まりといわれている。菜の花漬は京都の名産で、寒咲ちりめんなどの菜の花をつぼみのうちに漬物にする。収穫して4％の食塩で漬け、水が揚がれば完成。これを袋に入れて、食塩3％のあっさりした調味液を注入して仕上げる。4、5月は袋のまま販売し、それ以降はマイナス30℃で冷凍する。

菜の花漬は色が悪くなるため加熱殺菌をしていないので、賞味期限を短く設定する必要がある。

(16) 梅干し

『斉民要術』のなかに、「白梅」といって今日の梅干しのルーツといえるものの記載がある。日本では、村上天皇（在位946～967年）が梅干しと昆布入りの茶で疫病を鎮めたという記録がある。この頃から「梅干」の字が見られるように、日本人と梅干しの関係は古くから続いている。しかし、第二次世界大戦後、塩分が高い梅干しは敬遠されるようになった。そこで塩抜き、酸抜きをして味を付けた調味梅干しが誕生した。

【製造法】

梅干しは酸を3～5％含むもっとも酸味の強い食品の一つである。原料に使われる梅の品種は、大粒のものでは、豊後、玉英、白加賀など、中粒のものでは、古城、南高梅、玉梅などがある。ウメは6～7月頃収穫される。梅干しには、熟度が進み、糖分や酸分の多いものが適している。しかし、過熟のものは肉質が崩れやすいので注意が必要である。

収穫したウメの実を水洗した後、実の若いものは一晩水漬し、苦味を取ってから、塩漬を行う。一方、熟度の進んだものは水漬をすると柔らかくなり、実が崩れやすくなるので、そのまま塩漬を行う。塩漬は、実に食塩をまぶしながら樽に漬け込み、押し蓋をした後、重石をする。一般的に食塩はウメの18～20％を使用するのが適当であるが、熟度の進んだものは22％の食塩を使用する。

ウメを漬け込む場合は、実の間に隙間ができるので食塩が樽の底に落ちやすい。上部の食塩濃度が低くなり表面に産膜酵母が発生し、変敗しやすくなる。これを防ぐには上部に多めに食塩をまく必要がある。なお、岩塩などを粉砕したものは、粒子が粗いので落下することが少なく、漬け込みがしやすい。塩水が揚がりにくい場合は20％の食塩水を差し水として加える。3日目には塩水が揚がるので表面が塩水に漬かるようにする必要がある。

シソにはシソニンというアントシアン系の色素が含まれており、梅酢にあうと赤く発色する。赤い梅酢を得るには、赤ジソに食塩をまぶしてよく揉みしだく。最初の液はアクが強いので捨て、次に、梅酢を入れて揉み出すときれいな赤色が出るので、それを塩漬ウメの容器に戻し、2～3日かけて着色する。梅干しを作るには7～8月に陽のよく当たるところで土用干しといわれる天日干しをする。日中、陽にさらした後、夜間は再び樽に戻して梅酢を吸収させる。これを2～3回繰り返すと肉質、色沢ともに良好なものとなる。

①梅干し

梅を塩だけで漬け込んだものは梅塩漬であるが、塩漬した梅を天日で2～3日干したものが梅干しである。土用干しは、実がくずれるのを防ぎ、軟らかい果肉とシソ葉による着色を良好にする。梅干しはクエン酸やリンゴ酸を多く含んでいるために健康食品のイメージが強く、消費量も多い。梅の主産地は和歌山県で、群馬県、長野県がそれに続いている。和歌山県、とくに南部町の梅干しが有名である。紀州和歌山が梅干しの名産地となったのは、田辺藩主、安藤帯刀が地域の産業振興のため、梅を植えているところは免税にする政策を出したためであるといわれている（写真4―5）。

写真4-5　梅干し

図表4-3 調味梅干しの調味処方

梅干	脱塩　12% 脱酸　4 %	100kg
調味液		70kg
（製造総量）		170kg

調味処方		食塩（kg）	酸（kg）	糖（kg）
グル曹	510 g			
グリシン	85 g			
ソルビット液	5.1kg			2.1
高酸度食酢（酢酸10%）	11 ℓ		1.1	
ステビア※（50%含有）	17 g			1.7
チアミンラウリル硫酸塩	34 g			
アルコール	3.4 ℓ(2.72kg)			
水	50.5 ℓ			
（計）	70kg			
梅干	100kg	12	4.0	
製造総量	170kg	12	5.1	3.8
最終成分		7.1%	3%	2.2%

〔その他の最終成分〕グル曹0.3%、グリシン0.05%、チアミン製剤0.02%、アルコール２%　※ステビアの甘味度は砂糖の200倍

②調味梅干し（かつお梅を含む）

梅干しは塩分が高いことから、脱塩が行われるが、脱塩により風味成分も流失するのでそれを補う意味で調味を行う。調味処方を図表4―3に示した。調味工程は梅漬を干してから調味するか、調味してから干すか、のいずれかである。カツオ梅は、脱塩した梅干しにシソの葉とカツオ節を混ぜたものである。

③カリカリ梅

カリカリ梅は梅漬の果肉の歯切れを生かしたもので、なかでも小梅のカリカリ漬がよく知られている。梅漬の際に、カルシウムが多くあると梅のペクチンの可溶化が防げ、歯切れのよい梅漬ができる。熟度があまり進んでいない生梅を0・5％の消石灰液に一晩漬け、これを塩化カルシウムまたは硫酸カルシウムを0・1～0・2％添加した塩水に漬ける。

塩漬の際は、一度に濃い塩水に漬けると梅が過剰に収縮する。形のよいカリカリ梅を作るには、食塩濃度を徐々に上げながら漬けることが重要である。

④小梅漬

小梅漬は小粒で歯切れが良いのが特徴である。山梨県が主産地で、甲州最小や竜峡小梅という粒の小さな品種が使われる。熟度の進んだものは歯切れが良くならないので、収穫時期がポイントとなる。原料小梅が入荷したら、ただちに漬け込むことも大切である。輸送に時間を要した原料は歯切れが悪くなりがちである。

⑤梅肉エキス

6月上中旬の完熟直前の青梅をおろし器でおろし、汁を取る。この汁を弱火で煮詰めていくと、最初、緑色の液が徐々に淡褐色から褐色になり、同時に粘りが出るようになる。青梅10kgから200gの梅肉エキスができる。梅肉エキスは江戸時代から民間薬として利用されている日本の伝統的健康食品で、食中毒や急性腸炎になったとき著効があるといわれている。近年、梅関連企業の梅肉エキス製造も増えている。

(17) 塩蔵キュウリ

塩蔵キュウリは、必要なときに塩抜きしてから各種刻み漬やみそ漬などの原料として使う。下漬は、水洗したキュウリに食塩をまぶしながらタンクに漬け込む。水の揚がりが遅い場合は、差し水（塩水）をすることもあるが、通常は、差し水をすることは少ない。キュウリと食塩を交互に漬け込んだ後は、押し蓋をしてから重石を載せる。3～4日後には塩水が揚がるので、塩蔵する場合は本漬を行う。

本漬は下漬のキュウリをザルに取りだして水を切ってから、再度食塩をまぶしながら漬け込む。食塩はタンク上部に多めに使用する。

主な配合例は次のとおりである。

〈下漬〉

キュウリ100kg、食塩8～10kg、重石約20kg

〈本漬〉

下漬キュウリ100kg、食塩（短期）3～6kg、（長期）12kg

(18) 塩蔵ナス

塩蔵ナスは代表的な塩蔵野菜で、必要なときに塩抜きし、調味漬を行って製品とする。ナスの収穫は7月中旬から8月に行われ、塩漬する。日が経ったものは表皮がかたく、色止めもしにくいので比較的若いものを使用する。

収穫後、時間をおかず、早めに塩漬を行う。ナスを水洗した後は濡れているので表面に食塩をまぶしながらタンクに漬け込む。漬込みを終えたら、押し蓋をし、強めに重石をかける。早めに水を揚げるほうがよいので、必要ならば差し水をする。

2日後には塩水が揚がるので、次に本漬を行う。ナスの容積は下漬で約半分になるので、別の下漬分を合わせて余分な水を切ってから本漬をする。本漬した後、保存する場合は、ナスの上まで食塩水に浸ることが大切である。また、色止めはナス100kgに対し、300gの焼きミョウバンを添加しながら漬け込む。

主な配合例は、次の通りである。

〈下漬〉

原料ナス100kg、食塩8〜10kg、差し水(12%食塩水)15ℓ、重石30〜50kg

〈本漬〉

下漬ナス100kg、食塩3〜8kg、重石約20kg

3 しょう油漬

しょう油漬は、野菜などをそのまま、または前処理した後、しょう油を主とした材料に漬け込んだものをいう。福神漬、つぼ漬、しょうがしょう油漬、山菜しょう油漬、高菜漬、広島菜漬、野沢菜漬、松前漬などがある。

(1) 福神漬

大根、ナス、キュウリ、シロウリ、ナタマメ、レンコン、シソ、ショウガなどを原料とした刻みしょう油漬の一種で、7種類の野菜原料を使用することから、七福神にちなんで福神漬とした。東京生まれの漬物で、各野菜の塩蔵品の水分を圧搾により減少させ、しょう油をベースにした調味液に漬け込む。形状が復元すると製品となる（写真4―6）。

【製造法】

福神漬は、ほかのしょう油漬と少し製造工程が異なる。福神漬と代表的なしょう油漬の製造工程を図表4―4に示す。

原料には、割干し大根、ナス、キュウリ、シロウリ、ナタマメ、レンコン、シソ、ショウガなどが主に使われるが、シイタケやタケノコを使う場合もある。

塩蔵した原料をそれぞれ成形した後、流水で塩抜きし、圧搾によって余分な水を除去してから調

写真4-6　福神漬

1 福神漬

塩蔵野菜→細刻→水さらし塩抜き→圧搾→漬け込み→製品

2 キュウリ・野沢菜・高菜・広島菜などのしょう油漬

原料→水洗→細刻→水さらし→圧搾→製品

図表4-4　しょう油漬の製造工程

味液に浸漬する。成形は、塩漬大根は4~6の縦割りにした後、細刻機でどの片にも皮が残るように横2㎜の厚さで薄切りにする。割干し大根は、同様に細刻機で細切りにする。ナスは縦に4分割にした後、1㎝幅で細かく切る。キュウリはそのまま幅3~5㎜に輪切りにする。

成形を終えた野菜材料は、流水にて塩抜きを行い、その後、強く圧搾して脱水する。脱水を終えた原料野菜を調味液に入れて味付けを行う。図表4―5に圧搾野菜の復元、図表4―6に福神漬のJASに見合う野菜配合、図表4―7に福神漬調味液処方を示す。

図表4-5　圧搾野菜の復元

	生野菜	塩蔵歩留り	脱塩圧搾40%	復元後	復元率	対圧搾物復元割合
ダイコン	100	60	24	57	95%	2.4倍
ナス	100	50	20	70	140%	3.5倍
キュウリ	100	50	20	42.5	85%	2.1倍

図表4-6 日本農林規格（JAS）に見合う福神漬の配合割合

	配合	復元後	原計算値	復元後割合
圧搾ダイコン※	28.7kg	68.2kg	31.6kg	75%
圧搾ナス	3.1	10.9	3.4	25%
ナタマメ	3.6	3.6	4.0	
レンコン	2.7	2.7	3.0	
シソの葉	2.7	2.7	3.0	
ショウガ	2.3	2.3	2.5	
白ゴマ	0.5	0.5	0.5	
（計）	43.6	90.9	48.0	80%
調味液	70.0	22.6	77.0	20%
製造総量	113.6	－	－	－

※厳密に計算するとこうなる。普通は大根を25kgにして、製造総量を110kgと切りのよい数字にする。

(2) 山川漬

よく干し上げた大根を壺に漬け発酵・熟成させて作られる。鹿児島県、山川付近が山川漬の主な産地である。もともとは中国から伝来したもので、豊臣秀吉が朝鮮出兵したときに、保存食にしたといわれている。

【製造法】

葉のついたままの大根を、30～40日ほどかけてよく干し上げ、さらに塩水に浸けてから杵で搗いて柔らかくする。これを壺で塩漬にす

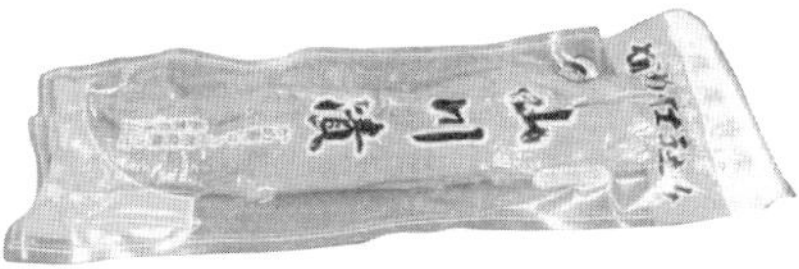

写真4-7　山川漬

図表4-7　福神漬の調味液処方

		全窒素(g)	グル曹(g)	食塩(kg)	糖(kg)	酸(g)
淡口しょう油	4.0 ℓ(4.7kg)	48	48	0.75		
淡口味液	7.0 ℓ(8.6kg)	210	266	1.46		
グル曹	1,006g	75	1,006			
砂糖	20kg				20	
異性化液糖	13kg				13	
氷酢酸	220mℓ					220
25％焼酎	4.4 ℓ(4.27kg)					
シソエッセンス	44mℓ					
黄色４号	15g					
ダイワレッドFN	29g					
ソルビット液	3.3kg					
食塩	2.74kg			2.74		
水	12 ℓ					
（計）	70kg					
野菜	40kg	60				
製造総量	110kg	393	1,320	4.95	33	220
最終成分		0.36%	1.2%	4.5%	30%	0.2%

〔その他の最終成分〕しょう油類10%、アルコール１％、香料0.04％、色素0.04％。

る。現在は、干したくあんを薄切りにし、しょう油・砂糖・酸で作った調味液に漬けたものが多い(写真4—7)。

山川漬を薄切りにして三杯酢に漬けたものを本来「つぼ漬」といったが、近年、たくあんを薄切りにして三杯酢に漬けたものも「つぼ漬」として販売されている。

(3) 野沢菜、高菜、広島菜のしょうゆ漬

塩漬の野沢菜、高菜、広島菜と製法は同様であるが、調味液にしょう油を使用したものである。

(4) きゅうり(刻み)しょう油漬

輪切りにしたキュウリと千切りにしたショウガを、しょう油を主とした調味液に漬けたものが一般的で、歯切れの良さが特徴となっている。

【製造法】

原料のキュウリは専用の四葉《すうよう》系という品種が契約栽培されている。色沢は濃い緑色で種子の入ってない若取りした原料が良い。原料を塩蔵した後、0・5~0・7㎝程度に細切りし、十分に水にさらして塩抜きをする。圧搾脱水後、しょう油を中心とした調味液に漬け込み、キュウリに吸収させる。

(5) やまごぼうしょう油漬

ヤマゴボウの漬物というとみそ漬が一般的であるが、昨今ではみそ漬は漬込みに時間が長くかかることなどから、しょう油漬が主流となっている。そのどちらもキク科の多年草モリアザミの根を原料としている。根の形がゴボウに似ていることからヤマゴボウとよんでいる。巻きずしの芯としてよく利用され、美しい橙色の漬物で強い香りがあ

る。カリッとした歯ごたえ、ひと口でも口に含むと強いゴボウの香りが広がる、独特の風味が特徴である。

(6) きのこ・山菜漬

キノコにワラビ、ゼンマイ、フキといった山菜を利用した漬物である。山菜は「春は芽を、夏は葉を、秋は実を、冬は根を」食べるのが良いといわれている。かすかな苦みと独特の香味があり、季節感が豊かである半面、採取期間が限られているので旬の時期の山菜を塩蔵や干物にして保存したものを使う。

(7) なす一本漬

千両ナスや仙台長ナスの塩蔵品を脱塩して、調味液に浸けた調味漬である。浅漬ナスが登場してから製造量は減少している。なす一本漬はナスの色止めが困難であることから、原料ナスは色の良いものを用い、かならず20%程度の食塩濃度で塩蔵することが肝要である。また、脱塩工程の能率化を実現し、色素流失の防止につとめること、ナスの色は酸によって変色するため、低塩下の調味工程では酸生成の防止や調味配合の酸使用量を抑えることが重要で、調味を淡白にする必要がある。

(8) しその実漬

しその実漬は良質の原料を使用することが大切である。穂先の花が2割程度咲いた頃に手で実をこき落とす。実の色が褐変する前に漬け込むことが大切である。シソには昆虫が混ざっていることが多く、異物混入のクレーム対象になりやすいので、これらをピンセットで丁寧に取り除く必要がある。

(9) 鉄砲漬

千葉県成田市近辺で作られている漬物で、シロウリのワタを取り除いたところにシソの葉で包んだ唐辛子を詰めたものである。唐辛子の辛味が全体に広がり独特の風味を醸し出している。鉄砲漬の名の由来は、シロウリが鉄砲の筒に、唐辛子が弾丸のように見えることによる。成田山参詣のお土産には栗羊羹が有名であるが、鉄砲漬も名高い。強く圧搾して漬けることがポイントである。図表4—8に鉄砲漬の調味処方を示す。鉄砲漬は二度漬けをする（写真4—8）。

(10) たまり漬

栃木県地方に伝わる「振り分けたまり」とよば

写真4-8　鉄砲漬

図表4-8　鉄砲漬の調味処方

塩蔵（１押し、２押しを通して）
　生シロウリ　6,000kg
　食塩　　　　1,800kg→上がり2,700kg、歩留り45％

１段調味　漬込み72時間、冷蔵庫
　脱塩シロウリ1,080kg（脱塩２％、圧搾40％）
　調味液　　　270kg　製造総量1,350kg

調味処方		食塩 (kg)	グル曹 (kg)	糖 (kg)	酸 (kg)
淡口しょう油	70 ℓ （83kg）	13.2	0.84		
淡口味液	95 ℓ （117kg）	19.8	3.61		
グル曹	3.6kg		3.60		
砂糖	27kg			27	
ソルビット液	30kg			12	
クエン酸	2kg				2
氷酢酸	2 ℓ				2
アルコール	6.75 ℓ				
（計）	270kg				
シロウリ	1,080kg	21.6			
製造総量	1,350kg	54.6	8.05	39	4
最大浸透量		4.0％	0.6％	2.9％	0.3％

２段調味　漬込み144時間、冷蔵庫
　１段調味シロウリ　1,080kg
　調味液　　　　　270kg　製造総量 1,350kg

調味処方		食塩 (kg)	グル曹 (kg)	糖（kg）	酸（kg）
淡口しょう油	70 ℓ （83kg）	13.2	0.84		
淡口味液	95 ℓ （117kg）	19.8	3.61		
グル曹	3.6kg		3.60		
砂糖	27kg			27	
ソルビット液	30kg			12	
クエン酸	2kg				2
氷酢酸	2 ℓ				2
アルコール	6.75 ℓ (5.4kg)				
（計）	270kg				
１段調味シロウリ	1,080kg	43.2※	6.48※	31.32※	3.24※
製造総量	1,350kg	76.2	14.53	70.32	7.24
最大浸透量		5.6％	1.08％	5.2％	0.54％
実質浸透量（×0.8）※※		4.5％	0.86％	4.2％	0.43％

※1,080kg×　１段調味最大浸透％。
※※１段調味、２段調味を通じて、おおむね最大浸透量の80％が野菜に浸透。

れる調味料で漬ける旨味、甘味とも濃厚な漬物で、栃木県の特産品となっている。大豆と米こうじ、塩、または大豆と麦こうじ、塩のいずれかを水を多くしてみそのように仕込み、熟成後、沈殿はみそとして使い、上澄みを「振り分けたまり」とよび調味料として使っていた。このたまりに大根、キュウリ、ナス、ショウガ、ミョウガなどを漬けるたまり漬は長期熟成のため、食塩濃度が高く、薄く刻むなどして食べるとよい。

4 みそ漬

野菜などを、そのまま、または前処理した後、みそを主とした材料に漬け込んだものをいう。みそ漬にはヤマゴボウをはじめ、キュウリ、ナス、ミョウガ、山菜類などさまざまな野菜原料が使われるが、いずれの場合も塩蔵野菜を用いて製造する。

(1) やまごぼうみそ漬

長野県などが主産地で、塩蔵したヤマゴボウを水洗いし、あらかじめ調製した調味液に一週間ほど調味漬を行う。旨味がヤマゴボウに浸透したら、しょう油とみそで作ったみそ床に1カ月ほど中漬を行ってから、仕上げの本漬を行う。ヤマゴボウ特有の風味をもつ漬物である（写真4—9）。

(2) 金婚漬《きんこん》

岩手県の名産で、シロウリのわたをくり貫いて、そのなかに、大根、ゴボウ、ニンジンなどを昆布で巻いたものを詰め、みそ床に長く漬け込んで作る漬物である。シロウリはわたを取り除いて塩蔵

写真4-9　やまごぼうみそ漬

写真4-10　金婚漬

やまごぼうみそ漬など

塩蔵野菜→水洗→調味漬→中漬(みそ)→本漬(みそ)→製品

図表4-9　みそ漬の製造工程

しておいたものを使用する。野菜類は細長く切り、シロウリのなかに詰め込むことが重要である。そうすることで、金婚漬を薄く、輪切りにしても、内容物が外にこぼれることがない。金海鼠（キンコ）からきた名称といわれているが、漬け上がった金婚漬はべっこう色を呈し、金婚式を迎えた老夫婦の味わいを表していることから、この漢字が使われるようになったともいわれている（写真4―10）。

【製造法】

代表的なみそ漬の製造工程を図表4―9に示す。塩蔵野菜を水洗して下漬臭や夾雑物《きょうざつぶつ》を取り除き、成形した後に水にさらして塩分を調整し、調味液漬を行う。調味液はアミノ酸液を主としたものである。

調味液漬を一週間ほど行い、アミノ酸液とみそで中漬床を作り、中漬をする。中漬を一カ月以上行った後、本漬を行うが、そのまま数カ月間は保存できる。品質のよいみそ漬を製造する場合は、中漬の期間中に数回、新しい中漬床に漬け換える必要がある。中漬により、旨味成分が十分に野菜のなかに浸透しているので、仕上げの本漬を行う。

図表4―10にみそ漬の調味処方を示す。

図表4-10　みそ漬の調味処方

第１床：冷蔵庫漬込み２週間

		食塩 (kg)	グル曹 (g)	糖 (kg)	酸 (g)
淡口味液	5 ℓ(6.2kg)	1.04	190	－	－
赤みそ	7.5kg	0.90	45	1.3	－
グル曹	565g		565		
砂糖	10kg			10.0	
氷酢酸	120mℓ				120
ソルビット液	2 kg			0.8	
アルコール	0.5 ℓ(0.4kg)				
金茶色素	16g				
水	3.2 ℓ				
	30kg				
野菜（脱塩４％）	50kg	2.0			
（計）	80kg	3.94	800	12.1	120
		4.9%	1%	15.1%	0.15%

第２床：冷蔵庫漬込み２週間

		食塩 (kg)	グル曹 (g)	糖 (kg)	酸 (g)
淡口味液	5 ℓ(6.2kg)	1.04	190	－	－
赤みそ	3 kg	0.35	18	0.5	－
グル曹	500g		500		
砂糖	10kg			10.0	
氷酢酸	120mℓ				120
ソルビット液	5kg			2.0	
アルコール	0.5 ℓ(0.4kg)				
水	4.78 ℓ				
	30kg				
第１床野菜	50kg	2.45	500	7.55	75
（計）	80kg	3.84	1,208	20.1	195
		4.8%	1.51%	25.1%	0.24%

化粧みそ

		食塩 (kg)	グル曹 (g)	糖 (kg)	酸 (g)
江戸みそ	8kg	0.48	32	2.2	－
グル曹	320g		320		
水	3.68 ℓ				
	12kg				
第２床野菜	50kg	2.45	755	12.6	120
（計）	62kg	2.78	1,107	14.8	120
最大浸透量		4.48%	1.79%	23.9%	0.19%
実質浸透量（×0.8）		3.58%	1.42%	19.1%	0.15%

5　粕漬

野菜などをそのまま、または前処理した後、粕を主とした材料に漬け込んだものをいい、奈良漬、山海漬、わさび漬、しょうが粕漬などがある。『斉民要術』には酒粕3斗、塩3升を使った「シロウリの粕漬」の作り方が載っている。長屋王邸跡出土木簡にも「加須津毛」（粕漬）の名が残っており、古くから行われていた加工法である。代表的な粕漬について解説する。

(1)　奈良漬

もともとはシロウリの粕漬を奈良漬というが、現在では、キュウリ、スイカなど野菜の粕漬を総称して奈良漬とよぶことが多い。奈良漬は熟成した酒粕に野菜を漬け込んで作る。熟成された粕床に何度も漬け換えることによって、独特の深みをもつ奈良漬ができる（写真4－11）。

【製造法】

奈良漬の材料には、シロウリ、大根、守口大根、キュウリのほか、スイカ、メロン、パパイアの未熟果なども使用される。

粕漬には下漬野菜を用い、中漬を繰り返すことにより徐々に塩分を下げるようにして漬ける。下漬野菜は通常、10～20％程度の食塩を含むが、仕上げ漬の頃には5～8％程度に下がる。

粕漬および奈良漬の漬込み工程を図表4－11、12に示す。四回目漬に使った粕は一番粕として三番目漬に使用する。三回目漬に使った粕は二番粕として、二回目漬に使用する。このようにして、二回目漬、三回目漬、四回目漬、五回目漬を行う

写真4-11　奈良漬

ことで、粕には野菜からの塩分が移行し、塩度は高くなる。

一方、野菜は塩度が低下し、アルコール濃度が上昇する。仕上げの頃には適度な食塩濃度とアルコール濃度となる。一回目の漬込みに使った粕は食塩濃度がおよそ20％になるので、下粕として下漬野菜の塩蔵に利用される。1回の漬込みは15～30日間、長いものでは5カ月間行う。完成した奈良漬の食塩濃度は5～8％、糖度は10～20％、アルコールは6～10％になるのが一般的である。中漬は普通2～3回漬け換えを行うが、高級品になると4～6回漬け換えが行われる。最後に仕上げ粕（化粧粕）で野菜を覆い製品となる。

中漬に使用する熟成粕は以下のように製造される。

圧搾直後の酒粕は板粕とよばれ、こうじの香りが残り奈良漬としての風味に乏しい。熟成によって、未分解のでん粉が糖分になり、滑らかになって風味が形成される。板粕に焼酎と食塩を加え、隙間のないようにタンクに詰め、表面にポリエチレンフィルムを敷き詰めて押し蓋をし、重石を載せて熟成を行う。熟成は室温で行う場合は2カ月

1 奈良漬（従来法）

塩蔵ウリ→4～9回中漬（粕）→仕上漬→製品

2 奈良漬（速成法）

塩蔵ウリ→水さらし塩抜き→水切り→
1～3回中漬（粕）→仕上漬→製品

3 わさび漬

原料ワサビ→調整→細刻→塩漬→圧搾→調味練り合わせ→製品
貯蔵粕→調味練り合わせ

4 山海漬

塩蔵野菜→細刻→水さらし塩抜き→圧搾→漬込→製品
調味液→漬込
粕床→漬込

図表4-11　粕漬の製造工程

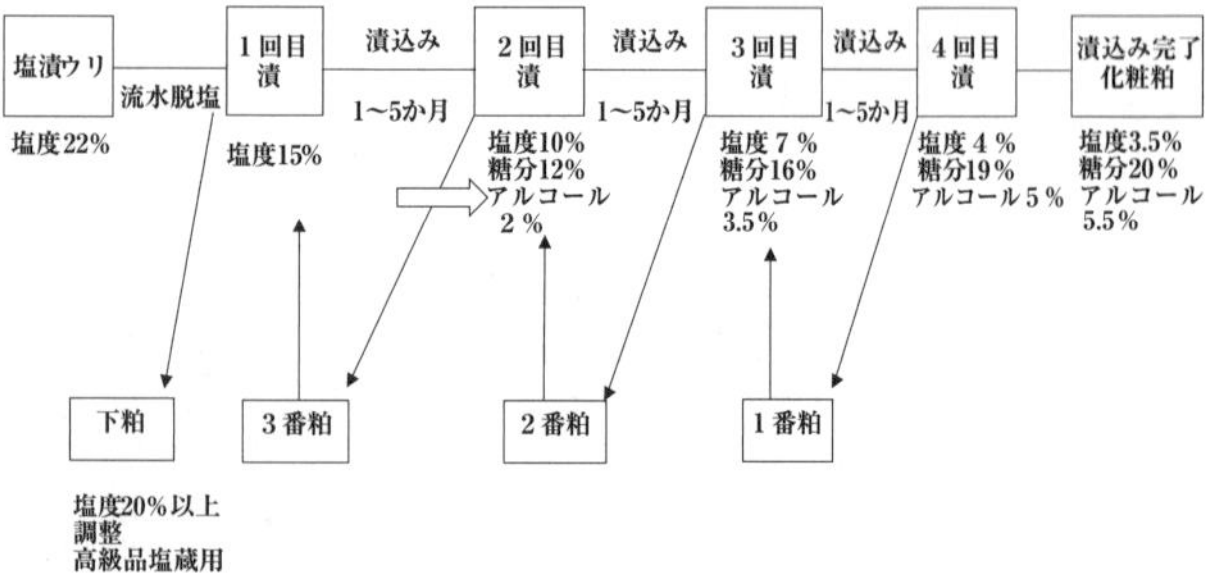

図表4-12　奈良漬の製造工程と粕の動向

資料：品質管理技術基準「奈良漬」農林規格検査所より一部改変

以上必要であるが、35～40℃で温醸する場合は、2～3週間で熟成できる。
主な配合例は次の通りである。

〈材料〉
シロウリ、キュウリ、大根、守口大根、ナス、メロン、スイカ、パパイアなど

〈仕上げ粕〉
酒粕80kg、みりん粕20kg、砂糖20kg、水あめ6kg、焼酎3～5ℓ、みりん2ℓ、食塩1kg

〈熟成粕〉
板粕100kg、焼酎5～15ℓ、食塩1～2kg

(2) わさび漬

ワサビの太い部分はすりおろし用に使われる。細い部分と塩漬した葉柄の細刻物がわさび漬の原料となる。よく混ぜ調味した酒粕に漬け込んだものがわさび漬である。原料のワサビは山間のきれいな沢で栽培されることから、わさび漬の工場もワサビの産地に集まっている。伊豆半島の天城や長野県穂高、東京の奥多摩、島根県などがよく知られている。

ツンとするワサビ特有の風味は、ワサビ成分であるシニグリンが酵素のミロシナーゼによって加水分解され、アリルイソチオシアネートを生成するためである（写真4―12）。

【製造法】

ワサビは枯れ葉や虫害のあるものなどを除去し、葉や葉柄を5㎜程度に切り、塩漬を行う。ワサビ原料の3～5％の食塩で漬け、押し蓋と重石をして塩漬を行う。3～5時間塩漬を行うと、ワサビは細刻してあるために簡単に水が揚がるので、取り出して水洗してから軽く圧搾し、水を切る。そ

写真4-12　わさび漬

の後、調味粕床と練り合わせる。わさび漬に用いる粕は白い方が好まれるので、古粕と新粕を併用することもある。

図表4―13にわさび漬の配合を示す。

(3) 山海《さんかい》漬

わさび漬の一種で、野山の幸であるキュウリ、大根、山菜などと海の幸である数の子、クラゲなどを混合したものである。製造方法は一般のわさび漬とほぼ同様である。酒粕は、褐変していない白いものを使う。塩漬のキュウリや山菜を細切りにし、水にさらして脱塩したものを圧搾して水を切り、調味液に漬け、また、数の子やクラゲも同様に調味液に漬ける。それらを一定時間漬けたら、取り出して余分な液を切り、酒粕に本漬する。

(4) 守口《もりぐち》漬

名古屋市の西から岐阜にかけて栽培されている細長い大根が原料の守口大根である。長いものは1・8mにも達する。江戸時代、関西では数種類の細長大根が栽培されていたが、現在まで残ったのが美濃の細り大根で、これが守口大根になったといわれている。河内の守口宿でこの大根の粕漬を「守口漬」として販売したところ好評であった

図表4-13　わさび漬の配合（%）

内容物	JAS製品	並級品
塩漬ワサビ葉柄	33	10
細刻み生ワサビ根茎	10	4
砂糖	6	6
アリルカラシ油	0.1	−
カラシ粉	−	3
グル曹	0.3	0.5
酒粕	50.6	76.5

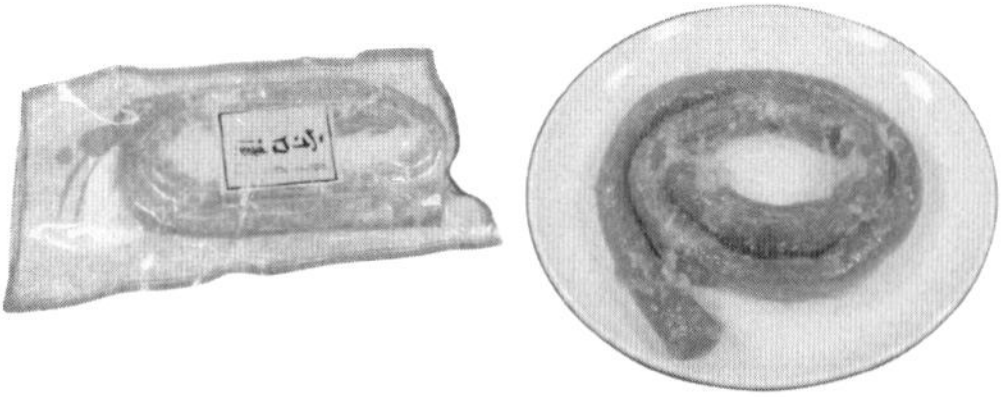

写真4-13　守口漬

ことから、名古屋近辺でも昔からの細り大根の漬物を「守口漬」として売るようになった。とぐろを巻いたように飾りつけられて販売されている（写真4―13）。

6　こうじ漬

野菜などをそのまま、または前処理した後、こうじを主とした材料に漬け込んだものをいい、べったら漬や三《さ》五《ご》八《はち》漬などがある。こうじ漬は古くから行われてきた加工技術である。『斉民要術』には、麦から作るばらこうじ、ざらこうじなどを使ったこうじ漬の記載がある（瓜菹法）。

(1)　べったら漬

江戸時代から作られている東京名産の漬物であ

べったら漬など

原料野菜→水洗→下漬→本漬（こうじ床）→漬け揚がり→包装→製品

図表4-14　こうじ漬の製造工程

る。日本橋大伝馬町にある恵比寿神社では毎年えびす講の前夜祭として、べったら市が開かれる。この市で売られるのがべったら漬で、市に来た着物姿のお嬢さんに対して、「べったら、べったら」とからかいながら販売したとも、当時の道がぬかるんでいたことに由来するともいわれる。以来、こうじ漬の浅漬大根がこの市の名物となり、べったら漬として売られるようになった（写真4―14）。

【製造法】

べったら漬の製造工程を図表4―14に示す。

大根の表皮をていねいにむいた後、ただちに塩漬にする。食塩濃度は約5％で2日間塩漬した後、中漬にする。中漬は食塩と甘味料を用いて2～3日間ほど行われるが、その間は漬け換えを行い、均一に漬かるようにする。中漬に用いる食塩は1～2％、砂糖は約10％である。中漬を終えたら、次に、本漬を行う。本漬は米こうじ、砂糖、食塩などを混合したこうじ床に漬け込む。大根を漬け込んだ後は、押し蓋と重石をする。水が揚がってきたら、重石を半分に減らし、10日間ほど漬け込むと甘味が十分に浸透するので製品が完成する。甘味料として砂糖だけで漬け込むと高い浸透圧のために大根が収縮しやすいので、ステビアなどの甘味料を使用することが多い。

べったら漬の調味処方を図表4―15に示す。調

写真4-14　べったら漬

図表4-15　べったら漬の調味処方

皮むき塩押し大根（塩度4.5%）140kg
調味液　70kg
製造総量　210kg

調味処方		糖 (kg)	食塩 (kg)
砂糖	15kg	15	
還元水あめ（DE 50）	4 kg	2	
ステビア（30倍）	273g	8.2	
ビタミンC	630g		
アルコール	2.1 ℓ(1.7kg)		
氷酢酸	210mℓ		
水	48.2 ℓ		
（計）	70kg		
皮むき塩押しダイコン	140kg		6.3
製造総量	210kg	25.2	6.3
最終成分		12%	3%

味が終わった後、米こうじ、米飯、増粘多糖類を練り合わせた充填米こうじをまぶす。小袋詰包装では80℃、20分の加熱処理をする。

(2) 三五八《さごはち》漬

東北地方、とくに福島県の家庭で漬けられる漬物で、こうじ漬の一種である。容量で塩3、米こうじ5、米8の割合で作った漬け床で漬けられることから、この名がついた。

【製造法】

米を蒸すか、炊いたものに米こうじを混合し、温水で練ってから2日間保温し、やや固めの甘酒を作る。できあがった甘酒に塩を加えると三五八床が完成する。新鮮なキュウリ、大根などの野菜を食べやすい大きさに切り適当な容器に入れ、その上から三五八床をかけて混合する。翌日には食べることができる(写真4―15)。

7 酢漬

野菜などをそのまま、または前処理した後、食酢、梅酢や有機酸を主とした材料に漬け込んだものでpHが4・0以下のものをいい、らっきょう漬、千枚漬、はりはり漬、しょうが漬などがある。以下に代表的な酢漬について解説する。

(1) らっきょう漬

酢漬類に属する代表的な漬物で、原料のラッキョウは青森、福井、栃木、茨城、鹿児島などで栽培されている。近年、中国産の塩漬原料の輸入が増大している。らっきょう漬は、塩蔵ラッキョウを成形した後、水にさらして脱塩を行

写真4-15　三五八漬

写真4-16　らっきょう漬

1　らっきょう甘酢漬

原料→下漬塩蔵→調整水さらし塩抜き→甘酢漬→製品

2 紅しょうが漬

下漬ショウガ→水洗→薄切り→酢漬→製品

3 はりはり漬

原料→細刻→水さらし塩抜き→圧搾→漬け込み
→甘酢漬

図表4-16　酢漬の製造工程

い、甘酢液に漬け込んで作られる。大粒のものより小粒の方が好まれる。小粒ラッキョウの代表は福井県三里浜で生産されている花ラッキョウで、高級品である。大粒ラッキョウは、秋に植えて翌年の夏に収穫するが、小粒ラッキョウは一年越しで数多く分級した小粒のものを収穫して作られる（写真4―16）。

【製造法】

酢漬の製造工程を図表4―16に示す。

小～中位の大きさのラッキョウを収穫した後、ラッキョウの根部と茎部を多少長めに残しながら切除し、水洗浄を行う。短めに切ると土壌などがラッキョウの内部に入り込み、品質の劣化を招く。ラッキョウを塩漬する際は、ラッキョウの16％程度の食塩をまきながら漬け込み、差し水（ラッキョウの半量）、ミョウバン（ラッキョウの0・15％程度）を加える。漬込み後は乳酸発酵が始まるが、ラッキョウの色を白く安定化させ、良好な風味を形成させるのに効果がある。一カ月以上塩漬を行うと生臭さがとれ、次の甘酢漬を行うことができるが、このまま塩蔵品として保存しておくこともできる。

甘酢漬を行う場合は、最初に塩蔵ラッキョウの根部と茎部を下漬の場合よりもさらに短く切る。次に、水さらしをして余分な塩分を減少させる。水さらしはときどき換水しながら行う。塩分はほとんどない状態にまで塩抜きを行っても構わない。甘酢液は、クエン酸、酢酸と食塩を溶かした溶液を60℃に加熱し、砂糖などの甘味料を溶解させて作る。通常、甘酢液の酸濃度は1・1～1・2％、塩度は2～3％が適当である。甘酢液が冷却したら、水さらしを終えたラッキョウを漬け込む。小

図表4-17　甘酢らっきょうの調味規格・調味処方

規格　脱塩４％ラッキョウ　70kg
調味液　70kg
製造総量　140kg
食塩２％、糖25％、酸0.8%

調味処方		糖 (kg)	酸 (kg)	食塩 (kg)
砂糖	20kg	20		
異性化液糖	15kg	15		
クエン酸	560g		0.56	
高酸度食酢	5.6 ℓ		0.56	
水	28.84 ℓ			
（計）	70kg			
４％脱塩ラッキョウ	70kg			2.8
製造総量	140kg	35	1.12	2.8
最終成分		25%	0.8%	2%

図表4-18　千枚漬の調味処方

塩漬のカブ（食塩2.2%）　240kg
調味液　70kg
コンブ（５×５cm）　12kg
製造総量　322kg

調味処方		食塩 (kg)	糖 (kg)	酸 (kg)	アルコール (ℓ)
砂糖	25kg		25.0		
みりん(糖40%、アルコール14%)	7 ℓ(9.1kg)		2.8		0.98
グル曹	2kg				
クエン酸	0.5kg			0.50	
食酢（酢酸4.5%）	10 ℓ			0.45	
食塩	1.8kg	1.80			
水	21.6 ℓ				
（計）	70kg				
塩漬カブ（食塩2.2%）	240kg	5.28			
コンブ	12kg				
合計	322kg	7.08	27.8	0.95	0.98
最終成分		2.2%	8.6%	0.3%	0.3%

〔その他の最終成分〕グル曹0.62%。

袋詰包装する場合は、70℃前後で15分程度殺菌を行い、酵母による発酵を防止する。

図表4—17に甘酢らっきょうの調味規格・調味処方を示す。

(2) 千枚漬

原料の聖護院カブは直径が20㎝ほどの大きなカブで、京都郊外から滋賀県の雄琴あたりで栽培されている。晩秋の頃収穫され、外皮をむいてから、専用の大きなカンナで薄く切る。千枚という言葉は、薄く数多く切ることを意味している。薄く切ったカブを薄塩で下漬した後、昆布を間に挟んで甘酢を入れて本漬を行う。上品な柔らかい舌触りに人気がある。なお、本来の千枚漬は乳酸発酵によって作られたものであるが、現在は酢漬が主流である（写真4—17）。

【製造法】

原料は近江カブ、聖護院カブのような大型のカブを用いる。水洗したカブの茎葉部を除去し、根部だけを使用する。千枚漬専用のカンナを使って厚さ1・5～2㎜に薄く輪切りにする。樽の底に一枚ずつずらしながら入れ、その上に食塩をまく。カブと食塩を交互に漬

写真4-17　千枚漬

け込み、樽がいっぱいになったら押し蓋と重石をする。下漬に用いる食塩は、カブ重量の2～3％が適当である。

本漬は下漬同様に一枚ずつずらしながら樽に漬け、一層並べたらその上に食塩と調味料および4cm角の昆布を2～3枚置く。これを交互に繰り返して漬け込む。最後に押し蓋と軽い重石を載せる。2～3日間で漬け上がる。図表4―18に千枚漬の調味処方を示す。

(3) はりはり漬

食べるときの歯切れがよいことから、このようによばれる。主に干し大根の産地である九州を中心に製造されている。食酢や甘味物質を使うので酸味と甘味が濃厚な漬物で、原料には、割干し大根、塩漬大根、塩漬キュウリ、シソの実、レンコン、昆布などが使われる。下漬原料を薄く切った後、流水で脱塩を行い、圧搾したものを、甘酢を基本とした調味液に漬け込んで製造する（写真4―18）。

(4) しょうが漬

塩漬しょうがを原料にして、紅しょうが、しょうがみそ漬、すしに欠かせないガリしょうがなどが作られる。以前は辛味の強い小ショウガが使われていたが、近年にいたっては、中、大ショウガが主に使われるようになった。原料の多くはタイや中国で塩漬されたものである。塩漬しょうがはpHが高いと黒く変色するので、梅酢液やクエン酸を加えて酸性にし、変色を防いでいる（写真4―19）。

写真4-18　はりはり漬

写真4-19　しょうが漬

① **紅しょうが**

お好み焼き、たこ焼き、焼きそば、牛丼などのトッピングとして欠かせない紅しょうがは、通称イモショウガとよばれる。ショウガの塩蔵品を千切りして色素を溶かした有機酸の液に漬けて作る。紅こうじ色素やアカダイコン色素などの天然着色料を使うこともある。

② **甘酢しょうが**

ガリとよばれ、握りずしの添え物として重要な食材である。紅しょうがと同様、イモショウガが原料であるが、大ぶりでふっくらした辛味の少ないものを使う。塩蔵イモショウガをスライス、脱塩して甘酢の調味液に漬けて製造される。

③ **新しょうが**

15㎝ほどの葉付きショウガを酢や甘酢に漬けたものを「はじかみ」「筆しょうが」などとよんで

料理の付け合わせに用いられる。「はじかみ」とは、古事記に登場するショウガの古くからのよび方である。焼き魚の添え物によく用いられるが、ショウガの淡紅色の彩りによる食欲増進効果と、魚の毒消しの効用があったとされている。新しい根が少し肥大した頃に抜き取ったものが葉ショウガである。芽を全部そのまま伸ばしたものは、秋に入る頃に大きな株になるので、堀り上げて新ショウガとして利用する。食塩5％、酢0・8％くらいに調味したものは新しょうがと呼ばれ、色は白っぽく、繊維が柔らかくて爽やかな辛味があり人気がある。

(5) さくら漬

さくら漬には3種類のものがある。ひとつは結婚式などのお祝いの席で桜湯としていただく桜の花漬で、これは八重桜の花を白梅酢で洗って強い酢で漬けた後、乾燥、化粧塩をふりかけたものである。桜の花漬は江戸時代から作られている。

2つ目は、滋賀県蒲生郡日野町産の日野菜カブの調味酢漬で、カブ特有の風味がある。

そして現在、もっともよく目にするのが市販の弁当によく見られるピンク色の大根の酢漬である。塩蔵大根を短冊型に切ってから脱塩、調味液に浸して袋に入れ、加熱殺菌する。原料の大根はあまり歯切れが悪くならないように、大型の三浦大根、都大根、おふくろ大根を使う。

8　ぬか漬

野菜などをそのまま、または前処理した後、ぬかを主とした材料に漬け込んだものをいい、代表的なものがたくあん漬である。

たくあん漬

たくあん漬の名称は、沢庵和尚が始めたからという説、沢庵和尚の墓石が漬物石に似ているからという説、大根の蓄え漬からきているという説などがある。たくあん漬は江戸の中頃から多く出始めた米ぬかの利用から始まったと考えられており、家庭で漬けられるのが一般的であった（写真4―20）。

たくあん漬は、本漬たくあん、早漬たくあん、一丁漬たくあんに分類される。

① 本漬たくあん

古くから漬けられているたくあんの製造法で、冬場へ向けて秋大根を漬ける保存食である。本漬たくあんは「干し」と「塩押し」の二種類の製造方法がある。

② 早漬たくあん

下漬をした後、ぬか床で樽詰めして出荷するものを早漬たくあんという。最近は樽詰めではなく、袋詰めがほとんどである。

③ 一丁漬たくあん

干し大根を下漬せず、ぬか床で四斗樽（72ℓ）に直接本漬にして保存する。一般家庭でのたくあんに多い。漬物業界では四斗樽の単位を一丁ということから一丁漬たくあんと呼ばれた。

【製造法】

1）本漬たくあん

本漬たくあんは、「干し」による場合と、「塩漬」による場合の2種類の製造方法がある。「干したくあん」は、三重、宮崎、鹿児島などの西日本で多く作られ、「塩漬たくあん」は関東近辺で多く作ら

写真4-20　たくあん漬

れている。図表4―19にたくあん漬の製造工程を示す。

(i) 干したくあん

　干しを行う方法には葉切り法と葉付き法があり、凍害の少ない西日本では、4～5本の葉を束ねて乾燥させる葉付き法で行われる。東日本では葉を切り落とした後、大根を縄などで編み（立ち編み）、吊して乾燥させる葉切り法で行われる。干しの程度は、図表4―20で示すように大根を曲げたときの形状で判断する。干し大根は、ぬか、食塩、甘味料、色素などを混合して作ったぬか床に漬け込む。漬込みは、樽の底にぬか床をまき、その上に大根を隙間なく並べ、その上にさらにぬか床をまく。これを交互に繰り返して漬け込む。ぬか床は上に行くほど多めに使用する。なお、大根は樽の上辺から一段上になるまで漬け込む。樽へ大根を漬け込む方法はいくつかあるが、代表的な並べ方を図表4―21に示した。

漬け込んだ後は、重石をかけずに一晩放置し、大根が落ち着いたところで押し枕をおいた上に重石を載せる。なお、漬け液の揚がりが遅い場合は、約8％の食塩水を差し水として、樽の縁から静かに注ぎ入れる。その後、必要に応じ、樽から大根を取り出し製品として利用する。干したくあんの調味処方を図表4―22に示す。これは小袋包装用のものであるので、2、3日後に袋に入れて殺菌する。

(ii) 塩押したくあん

大根を干さずに生のまま直接塩漬することにより柔軟にする方法で、主に関東地方で行われている。最初に、水洗した大根を約8％の食塩で塩漬(下漬または荒漬ともいう）にする。漬込みタンクの底に大根を並べ、その上に食塩をまく。大根と食塩を交互に繰り返して漬込みを行うが、上部にやや多めに食塩を使用する。最後に押し蓋をし、重石を載せる。1～3日後には水が揚がってくるので、次に中漬を行う。なお、水の揚がりが遅い場合は食塩水を差し水として加える。中漬は、下漬を終えた大根を取り出し、余分な水を切ってから1～2％の食塩で、下漬と同様に隙間のないように樽のなかに漬け込み、表面には押し蓋と重石をする。中漬を7～10日間行った後、本漬にする。なお、大根がかたい場合は、中漬の期間中に2、3回漬け換えするとよい。

本漬は、中漬を終えた大根を取り出して、ぬか床に漬けることによって行う。ぬか床は米ぬかに食塩、甘味料を加えたものを用いる。本漬を終えた大根は樽詰めにして販売されるが、樽詰めの際

1 干したくあん

→糠床（漬け込みに加える）

原料→水洗→連編み→干し→漬け込み→貯蔵発酵→製品

2 塩押したくあん

原料→水洗→下漬→中漬→本漬→袋詰

3 早漬たくあん

原料→荒漬（下漬）→中漬→樽取り本漬

図表4-19　たくあん漬の製造工程

図表4-20　漬込みと大根の乾燥程度の関係

漬込み	食　期	乾燥日数	乾燥程度
甘　塩	1〜2月	5日	弓なりになる
	3〜4月	6日	への字になる
中　塩	5〜6月	6〜7日	馬蹄形になる
	7〜8月	8〜9日	
辛　塩	8〜9月	10〜12日	丸く，先端が付く
	9月以降	13〜15日	

資料：小川敏男「漬物製造学」光琳（1988）

揃い漬　井桁漬　車　漬　さんま漬　菊花漬

資料：小川敏男「漬物製造学」光琳（1988）

図表4-21　大根の各種漬込み方法

にはフスマ床とともに詰めて製品となる。なお、現在は樽詰めではなく袋詰めがほとんどである。

2) 新漬たくあん

水洗した大根を7~8%の食塩で下漬を行う。下漬の期間は夏期で1~1・5日、秋期で1・5~2日、初冬2~3日である。中漬は、下漬の大根を取り出して、1~2%の食塩で漬け込み、押し蓋と重石をして漬け込む。中漬は1~3回漬け換えを行う。中漬の期間はそれぞれ、夏期で1日、秋期で1~2日、初冬で2~3日である。本漬は中漬を終えた大根を取り出して、出荷用の樽にぬか漬とともに漬け込んで製品とする。

主な配合例は次の通りである。

〈新漬たくあんぬか床〉

米ぬか(フスマ)1・2kg、サッカリンナトリウム5g、ソルビット1kg、砂糖2kg、グ

図表4-22 干したくあんの調味処方

低温下漬たくあん原木 (洗浄後の塩度5.5%)	140kg
調味液	70kg
製造総量	210kg

調味処方		食塩 (kg)	糖 (kg)	酸 (kg)
砂糖	11.7kg		11.7	
異性化液糖	11kg		11.0	
グル曹	1.68kg			
高酸度食酢(酢酸10%)	4.2 ℓ			0.42
アルコール	2.1 ℓ(1.7kg)			
70%ソルビット液	6.3kg		2.5	
水	33.42 ℓ			
(計)	70kg			
たくあん原木	140kg	7.7		
合計	210kg	7.7	25.2	0.42
最終成分		3.7%	12%	0.2%

〔その他の最終成分〕グル曹0.8%、アルコール1%。

ルタミン酸ナトリウム50g、コハク酸ナトリウム10g、アミノ酸系粉末うま味料30g、クエン酸50g、リンゴ酸20g、アルコール50mℓ、食塩100g

9　からし漬

野菜などをそのまま、または前処理した後、からし粉を主とした材料に漬け込んだものをいい、なすからし漬やふきからし漬などがある。

小なすからし漬

小なすからし漬は、ツンとするカラシの香り、一口で食べることができるちょうどよい大きさと鮮やかな黄色が特徴である。原料に用いられるナスは山形の窪田ナス、民田《みんでん》ナスで、小粒で丸い形をしたかわいいナスである。練りからし、しょう油、水あめで作った調味床に、下漬を終えた小ナスを2～3日間漬け込んで作る（写真4―21）。

【製造法】

原料として塩蔵した小ナスを使用する。水で洗浄した後、ヘタを除去し、流水で残存食塩濃度が約5％になるまで脱塩を行う。次に歩留まりが50％程度になるまで圧搾脱水する。圧搾を終えた小ナスは調味液を入れたタンクに漬けて3～4日間調味漬を行うと元の形に復元してくるので、カラシ粉を加えてよく混合し、2日後には製品とする。からし漬の製造工程を図表4―23に示す。

主な配合例は次の通りである。

〈材料〉

脱塩圧搾した小ナス100kg、カラシ粉11kg

〈調味液〉

食塩３５０g、砂糖22kg、調味料４・２kg、食酢（10％）６００g、クエン酸１２０g、リンゴ酸１２０g、焼酎６・４kg、水７００g

10　もろみ漬

野菜などをそのまま、または前処理した後、もろみを主とした材料に漬け込んだものをいい、小なすもろみ漬などがある。

11　発酵漬物

乳酸発酵によって製造される漬物で、主なものにすぐき漬や飛騨赤かぶ漬などがある。

写真4-21　小なすからし漬

からし漬

　　　　　　　┌カラシ
　　　　　　　↓
塩蔵野菜→水洗→調味漬→製品

図表4-23　からし漬の製造工程

(1) すぐき漬

京都上賀茂で作られている漬物。歴史は古く、平安時代にはすでに作られていたと考えられている。

【製造法】

スグキ菜の皮をむいて（面取り）、樽で荒漬、追漬（塩漬）をするが、その際、天秤を用いた独特の方法で重石をかける。これは、小さな重石で強く重力をかける工夫で、晩秋の上賀茂の風物詩となっている。塩漬を終えた樽は、一坪ほどの発酵室（ムロ）とよばれる小屋に入れて、一週間ほど室漬（発酵）を行う。ムロは電熱器などで40℃ほどに加温されているので、乳酸発酵が盛んに進行し、酸味の強い発酵漬物ができる。このように加温により発酵漬物を製造しているのは、世界でもすぐき漬が唯一だと思われる（写真4―22）。

写真4-22　すぐき漬

⑵ 飛騨赤かぶ漬

飛騨高山の名産品。飛騨の赤カブは繊維が少なく、真っ赤な色をしている。この赤カブは10月半ば頃収穫され、葉のついたまま薄塩で漬けられる。梅酢を少し加えることにより、赤カブに含まれているアントシアン系色素の変色を抑え、きれいな赤色を保つ。食塩濃度が低いので、乳酸発酵が進行することにより、飛騨赤かぶ漬特有の風味が形成される。

山形県庄内地方には在来作物である藤沢かぶ、温海かぶ、田川かぶなどを使った赤かぶ漬がある。いずれも以前は乳酸発酵で作られていたが、現在は、酢漬によって作られるのが一般的となっている。

⑶ しば漬

京都洛北、大原の里で作られている発酵漬物の名産品である。平家一門が滅亡したとき、建礼門院は大原の寂光院に隠遁《いんとん》された。それを慰めるために村の人々が野菜をもち込んで漬け込んだものがしば漬（紫葉漬）といわれている。しば漬はナスと縮緬ジソが使われる。朝夕と日中の気温差が大きい大原は、縮緬ジソの栽培に最適の場所でもある。

【製造法】

ナスとシソの葉を薄く切った後、大きな樽の中に薄塩で漬け込み、夏場の気温を利用した乳酸発酵により製造される。乳酸発酵による酸味とアントシアン系色素の赤、シソの香りがうまくマッチした漬物である。ナスのほかに、キュウリ、ミョウガを使う場合もある。現在は、発酵法よりも調味漬による方法で大量生産されるものが多くなった。これらは、調味しば漬と呼ばれている（写真4―23）。

(4) 菜の花漬（乳酸発酵タイプ）

菜の花漬には開花する前のつぼみの状態で漬けた浅漬けタイプのものがある。一方、京都の修学院離宮の周辺や大津の上田上《かみたなかみ》にはつぼみではなく、七分咲きくらいの菜の花を乳酸発酵させた漬物がある。

修学院で作られている菜の花漬は、さらしの袋にぬかを入れたぬか袋を塩漬けした菜の花の間と上に載せ、重石をして約3週間発酵させると完成する。また、滋賀県大津市上田上では、半年以上発酵、熟成させた「黄金漬」と呼ばれる乳酸発酵の菜の花漬

写真4-23　しば漬

がある。上田上の場合は、５㎝程の厚さのある「ぬか座布団」を塩漬けした菜の花の上に置き、それに重石を載せて外気と遮断し、乳酸発酵を行う。菜の花の色も鮮やかな独特の深みのある発酵風味が付与されたおいしい漬物である。

(5) キムチ

寒さが厳しい韓国では、冬の保存食として野菜を塩で漬けたものを「沈菜（チムチェ）」といい、漬物の総称としても使われる。沈菜から「キムチ」という言葉が生まれたともいわれている。

キムチは３００年以上の歴史を有している。材料は豊富で、主要野菜として白菜、大根、キュウリのほか、香辛料ではニンニク、唐辛子、ショウガなどを使う。キムチの特徴は野菜だけでなく、魚肉類、海藻、果実、松の実などが使われることである。魚肉類は塩辛、魚醤の形で使われる。非常に栄養価が高く、機能性を有した風味豊かな漬物である。基本的には、塩漬けした野菜に薬念（ヤンニョム）をはさみ込み、乳酸発酵させる。

もっとも一般的な白菜キムチ（ペチュキムチ）は、地面に埋めたカメのなかに漬け込み低温で自然発酵させて作る。塩漬した白菜に干切り大根、ニラ、ニンニク、粉唐辛子、砂糖、塩辛など五味五色の副原料をよく混合して作ったものである（写真4―24）。キムチは、そのまま食べてもおいしいが、調理素材としてもよく利用される。このほか、大根のサイコロ切りを使ったカクトギや汁も飲めるムル（水）キムチ、キュウリが主体のオイキムチなど１００種類以上のキムチがある。

【製造法】

白菜キムチは白菜の塩漬から始まる。白菜は傷んだ部分の多い外葉と根を除去した後、水でざっと洗い、大きさに応じて2つ割か4つ割にし、株の根元から包丁で切り目を入れ、塩が浸透しやすくする。塩漬の方法は2通りあり、一つは白菜に直接食塩を振りまぶす方法で、もう一つは食塩水に白菜を漬け込む方法である。韓国ではわが国のように重石を使って漬け込むことがないので、塩水漬の方が大量のキムチを製造する場合には効率的である。

塩漬は一晩行われるが、途中で2、3回天地返しを行い食塩の浸透を均一化する。塩漬が終了し、しんなりした塩漬白菜を水で洗い、汚れや余分な食塩を除去した後、よく水を切っておく。このときの白菜の食塩濃度は3%前後にしておくことが大切である。これが後の乳酸発酵の際に影響をおよぼしてくる。

塩漬白菜とは別に薬念《ヤンニョム》（薬味）を作る。薬念の材料は多彩で家庭ごとに特徴がある。主なものは大根の千切り、ネギの千切り、ワケギ、おろしショウガ、おろしニンニク、果実ではリンゴのおろしたものなどが使われる。魚介類ではアミやイシモチなどの塩辛、生ガキ、生タラや海藻なども利用される。また、砂糖が使われることも多い。唐辛子は普通、粗挽きのものと細挽きのものが使われる。最初は千切りした大根に食塩を加えてしんなりさせてから水を切り、その後、粉唐辛子をまんべんなくまぶし、赤色をなじませる。それにイシモチやアミの塩辛、ネギ、ワケギ、おろしショウガやニンニクなどを加え、よく混ぜ合わせて薬念が完成する。

よく水を切った塩漬白菜と薬念ができたところで、薬念を塩漬白菜に塗る。しんなりした白菜の外側の葉から一枚ずつ、葉の内側に薬味をていね

写真4-24　白菜キムチ

いに塗り付けていく。中心まで塗り終えたら、まとまりをつけ、一番外側の葉を90度にひねり全体を包み込むようにしてまとめ上げる。

次に、白菜を発酵させるために、カメに漬け込む。カメは口だけを外に出して大部分は地面のなかに埋められており、そのなかに薬念を塗り終えた白菜を、隙間に空気が残らないように押し出しながらきつく詰めていく。空気に触れない方が良質のキムチを作ることができる。カメを地中に埋める方が外気よりも温度変化が少なく、低温発酵を行ううえで都合がよい。また、外気温が低すぎて凍結するのを防ぐ。カメには蓋がされ、ムシロをかけてじっくりと発酵が行われる。参考までに、本格キムチの配合例を図表4―24に示す。

(6) ザワークラウト

ザワークラウトは「酸っぱいキャベツ」を意味する言葉で、13世紀半ば頃にはドイツで作られていた記録が残っている。現在は主に欧米で製造されているが、日本でも一部で製造されている（写真4―25）。

図表4-24　本格キムチの配合例

白菜※（刻み幅３cm）	300kg	漬上がり	240kg（歩留り75％）
大根※	56kg		48kg
ネギ※	26kg		22kg
ニンジン※	12kg		10kg
（計）	394kg		320kg

製品	刻み白菜漬	208g	
	刻み大根漬	43g	たれと混合
	刻みネギ漬	20g	
	刻みニンジン漬	9g	
	（計）	280g	
	本格キムチたれ	60g（白菜100：たれ22）	

本格キムチたれ調味処方　　野菜漬　320kg分
　　　　　　　　　　　　　た　れ　70kg

調味処方		食塩 (kg)	グル曹 (g)	糖 (kg)	酸 (kg)
淡口味液	10.5 ℓ(12.9kg)	2.18	399		
シーベストスーパー	5.6 ℓ(6.4kg)	0.90	90		
グル曹	5.6kg		5,600		
グリシン	1.1kg				
果糖ブドウ糖液糖	17.5kg			17.5	
りんご酢（酢酸５％）	11.9 ℓ				595
乳酸	1.4kg				1,400
アルコール	2 ℓ(1.6kg)				
すりおろしニンニク	1.95kg				
すりおろしショウガ	1.95kg				
粉トウガラシ	1.3kg				
荒びきトウガラシ	2.6kg				
リンゴピューレ	3.5 ℓ				
キサンタンガム	210g				
パプリカ色素※※	140mℓ				
（計）	70kg				
野菜漬	320kg	6.40	480		
製造総量	390kg	9.48	6,569	17.5	1,995
最終成分		2.4%	1.7%	4.5%	0.5%

〔その他の最終成分〕しょう油類4.1％、グリシン0.28％、アルコール0.5％、ニンニク0.5％、ショウガ0.9％、トウガラシ1.0％、キサンタンガム0.3％（対たれ）、色素0.2％（対たれ）。
※野菜類の仕上り塩度２％。
※※パプリカ色素：漬色OP-120（理研ビタミン製、色価660）使用。

写真4-25　ザワークラウト

写真4-26　ピクルス

2㎜程度の細切りにする。刻んだキャベツに食塩をまぶしながら、漬込みタンクに入れ、押し蓋と重石をして20℃前後で乳酸発酵させてつくる。通常、製品は缶詰めやびん詰にして加熱殺菌されたものが販売されている。

(7) ピクルス

ピクルスは野菜や果実を塩や酢に漬けたもので、塩漬ピクルス、発酵ピクルス、酢漬ピクルス、甘酢漬ピクルス、混合ピクルス、刻みピクルス、辛子ピクルスなどがある。市販のピクルスは甘酢漬タイプのものが多い。

甘酢漬ピクルスはキュウリなどの下漬野菜を水さらしによって脱塩し、甘酢液に漬ける。甘酢液には、オールスパイス、クローブ、コショウなど数種類の香辛料が入っており、ピクルス特有の風味を付与する。また、濃厚な甘酢液に野菜を直接漬けると浸透圧の関係でピクルスが収縮するので、2、3回に分けて徐々に糖分を上げながら漬け込むことで、収縮を防ぐことができる（写真4―26）。

⑻ 泡菜《パオツァイ》

中国、四川省で多く漬けられている乳酸発酵漬物であるが、手軽に漬けることができることから広い地域で漬けられるようになった。泡菜専用の壺を使って漬けられる。泡菜壺は蓋を被せるところが溝になっており、その溝に水を満たすことで、蓋を載せたときに壺の内部は密閉状態になる仕組みである。発酵によって壺のなかは炭酸ガスで充満し、余分な空気は水を通して外部に出ていく。しかし、外部の空気は壺のなかに入り込まないので、内部は嫌気状態になり、腐敗菌やカビの発生を防止することができる。一方、嫌気状態を好む乳酸菌は活発に増殖するようになる。

漬汁にはさまざまな香辛料が入っており、これに野菜を漬けることにより泡菜ができる。漬け込む野菜と香辛料の組み合わせによって100種類以上の泡菜があるといわれている。手入れをしながら漬汁を何度も使っていくところは、日本のぬか床と似ている。

【製造法】

泡菜は、乳酸菌を利用して2～4％の低濃度の食塩水のもとで乳酸発酵を行わせ、乳酸で酸味を付与する。乳酸の含有量が一定濃度に達した後は、空気と遮断することにより長期間の保存が可能となる。

組織が緻密で軟化することが少ない野菜であれば、どのような野菜でも原料となる。季節に出回る野菜を泡菜として漬けるのもよい。何種類もの野菜を同時に漬け込むと、それぞれの風味がうまく混じりあったおいしい泡菜ができる。

泡菜は野菜に3～4％の食塩を混ぜ合わせて、泡菜壷に入れるか、または、一定濃度の食塩水（通常6～8％）と同量の生野菜を一緒に泡菜壷に入れる。泡菜壷の蓋の周りに水を満たして密封しておくと乳酸発酵が始まる。

泡菜壷（写真4―27）（上水壷）は長い歴史を経て考え出されたきわめて合理的な加工道具で、酸、アルカリ、食塩に対して耐性のある素材でできている。内部は酸素が少ない嫌気状態が保たれ、乳酸菌は活動が活発になる。

泡菜の発酵に適している時期は野菜の種類、食塩濃度、気温によって異なる。夏期では5～7日間、冬期では12～16日間の発酵期間が必要である。原料が葉菜類の場合は発酵期間が比較的短く、根茎野菜類は長くかかるのが一般的である。

泡菜を取り出した後に残っている発酵汁には乳酸菌や乳酸、エステル類などが豊富に含まれているので、壷に入れたまま新しい野菜を漬け込むことができる。続けて新しい野菜を漬け込む場合は、適当に食塩や香辛料などの副材料を補い、それぞれの濃度が一定になるようにすることが大切である。新しい野菜を漬け込むときは、2～3日間発酵させるだけでおいしく食べることができる。発酵汁はくり返し使っても味が落ちることはない。古いものでは数十年間使用されている泡菜汁もある。

主な配合例は次の通りである。

〈材料〉

次のいずれかの野菜を原料として100kg使用する。白菜、ニンジン、大根、キャベツ、

写真4-27　泡菜壷《パオツァイ》

キュウリ、セリ、インゲン豆、ナタマメ、萵苣《ちしゃ》、ショウガ、草石蚕《ちょろぎ》、青唐辛子、ニンニク、ラッキョウ、トマトなど

〈泡菜塩水〉

食塩8kg、花山椒0・1kg、赤唐辛子3kg、ショウガ3kg、黄酒3kg（白酒でもよい）

(9) 搾菜《ザーツァイ》

中国を代表する世界的に有名な漬物である。原料はカラシナの一種で、その茎瘤《けいりゅう》（茎にできた瘤《こぶ》状の部分）を使用する。100年ほど前、四川省の労働者が最初に製造したといわれており、製造の際、圧搾脱水したことから、この名がある。

【製造法】

カラシナの茎瘤部分を数個に切り分けたものを天日でさらし、7％前後の塩で漬ける。塩漬の漬け換えを2、3回行った後、本漬する。本漬は、唐辛子、八角、桂皮、甘草などの香辛料のほか、砂糖、白酒などを加えてカメのなかで漬ける。熟成は6~9カ月間行われ、搾菜特有の歯切れと風味が醸しだされる。搾菜は中国料理、とくに、四川料理でよく使用される。

⑽ すんき漬

食塩を使わずに製造する無塩発酵漬物で、国内では長野県木曽の「すんき漬」、新潟県長岡の「ゆでこみ菜」、福井県の「すなな漬」などが知られている。海外では、中国の「酸菜」、ネパールの「グンドルック」、ミャンマーの「ミエン」などがある。すんき漬は木曾福島からさらに奥に入った木曽御嶽山の麓にある開田高原の開田村、王滝村、三岳村などで古くから作られている。

すんき漬の原料となる野菜は、カブの仲間である王滝カブラなどで、根部は紫がかった紅色をしている。すんき漬に用いるのは葉で、根は塩漬にして食べたり、料理に使ったりする。

【製造法】

原料となるカブの葉を沸騰水にざっと浸し、まだ熱いままの状態ですんき漬専用の木桶に移す。次に漬種と湯通しした原料の葉を交互に漬け込んでいく。この漬種を用いる点がすんき漬のもっとも大きな特徴であり、ほかの漬物と異なるところである。漬種は前年に製造されたすんき漬を乾燥させたもので、「すんき干し」とよばれている。漬種はこのすんき干しを水で戻したものである。「すんき干し」は漬種として使用されるほかに、みそ汁の具や油炒めなどにして食される。漬け込み後、漬込み量の約2倍の重石をのせ、一晩家のなかに置いてから、翌朝、物置に場所を移して発酵を行う。通常、一週間ほどで食べられる。すんき漬は漬物としてそのまま食べることもできるが、むしろ調理素材としてさまざまな料理に利用される。

タイには高菜漬と非常によく似たパカドン（パックドーン、パッカドーン、パクドンなどと呼ばれる）という発酵漬物があり、スープなどの調理材料にも使われている。ザワークラウト、泡菜、搾菜など、調理素材として使われる漬物の多くは発酵漬物である。『斉民要術』によると、古代中国では野菜を素材とした発酵漬物を、醋菹（酢漬）といい酸味料として利用されていた。パカドンやザワークラウトも具材として、また酸味づけに使われており、木曽のすんき漬もまたみそ汁やすんきそばの具材として利用されている。独特の風味や食感のある発酵漬物には、さまざまな利用法がある。

12　水産物漬物

水産物を用いた漬物は大別して、水産物だけを使ったものと水産物と野菜の混ざった漬物とがある。前者には魚の粕漬、みそ漬、こうじ漬、メカブのしょう油漬や酢漬などがある。粕漬に使われる魚種はイカ、マダイ、カジキマグロ、メダイ、ギンザケ、フグ、ホタテなどがある。

水産物と野菜の漬物には韓国のキムチ、サケのはさみ漬、ニシン漬、かぶらずしなどがある。サケのはさみ漬はキャベツ、白菜の浅漬を、米こうじをまきながら容器に積み上げ、ところどころにベニザケの薄い切り身をはさみ、厚さ10㎝くらいに重ねて漬ける。野菜とサケの旨味が混じり合ったおいしさがつくりだされる。

加賀藩が将軍家に献上し続けた歴史があるかぶらずしは、石川県や富山県の特産である。石川県のものは金沢青カブの塩漬に寒ブリをはさみ、米こうじで本漬している。年の瀬に漬け込んでおくと、正月には味がなじんで落ち着き、ちょうど食べ頃となる。

五、漬物の科学と技術

1　漬物の科学

野菜に食塩を直接付着させたり、食塩水に浸けたりすると野菜組織がしんなりして食べやすくなるとともに風味成分が形成されて、漬物特有の味がでてくる。さらに、乳酸菌などが生育すると発酵風味が付与されるので、より複雑な味覚が形成される。このような野菜から漬物への変化は、物理的、化学的、生物学的な作用を通して形成される。

⑴「漬かる」原理

野菜は多くの細胞から成り立っているが、一つ一つの細胞は、比較的固い細胞壁とその内側にある細胞膜から成り立っている。細胞のまわりに濃い食塩水があると食塩の浸透圧の作用により、半透膜の性質のある細胞膜を通して細胞内の水分が外に浸出するようになる。さらに浸透圧が強い場合は原形質分離を起こすので、細胞の生活作用が停止する細胞死の状態になる。細胞の形状も張り切った状態から、脱水され縮んだ状態になるため、野菜全体としては、しんなりした状態になる。これがいわゆる「漬かった」状態で、「塩殺し」とも呼ばれる。

食塩は細胞壁を通して細胞の内部に入るので、野菜に塩味が付与される。一方で、酵素作用によって自己分解が起こり、呈味成分が生成され、青臭みが消失する。この結果、生野菜とは異なる漬物特有の風味が生成される。塩蔵野菜のように食塩濃度が20％を超えるような場合は、微生物の生育だけでなく、野菜の酵素作用も阻害されるので、長期に保存することが可能となる。

一方、浅漬のように食塩濃度が1～3％と低い場合は、酵素作用は進行するので浅漬特有の風味が形成される。

(2) 微生物による風味の形成

キムチや泡菜《パオツァイ》、ぬかみそ漬などの発酵漬物の風味形成に重要な役割を果たしているのが乳酸菌と酵母で、とくに漬物に関連の深い乳酸菌には次のようなものがある。

・ロイコノストック　メセンテロイデス
（*Leuconostoc mesenteroides*）
・エンテロコッカス　フェカリス
（*Enterococcus faecalis*）
・エンテロコッカス　フェシウム（*E. faecium*）
・ペディオコッカス属菌（*Pediococcus* 属菌）
・ラクトバチルス　プランタルム
（*Lactobacillus plantarum*）
・ラクトバチルス　カゼイ（*L. casei*）
・ラクトバチルス　ブレビス（*L. brevis*）

また、酵母にはカンジダ（*Candida krusei*, *Candida lipolytica*）など多くの酵母（*Torulopsis etchellsii*, *Zygosaccharomyces* 属菌）が関与している。

それらの微生物は野菜に含まれているたん白質やぬかなどの副原料中の各種成分を分解し、乳酸、酢酸、エタノール、その他の風味成分を生成し、発酵漬物特有の味覚形成に大きな役割を果たしている。なかでも乳酸菌は、乳酸や風味成分の付与など、漬物の味覚形成に大きく関与している。近年、乳酸菌が有する健康機能性に関心が高まり、それらを応用した食品の開発も進められている。

(3) 発酵漬物と微生物

① 発酵漬物と乳酸菌

発酵漬物は、乳酸発酵を利用した漬物で、多くは、古代から製造されていたと考えられている。発酵過程に出現する主な乳酸菌の種類と特性を図表5―1に示した。乳酸菌は、その形状から乳酸球菌と乳酸桿菌に分けられる。

乳酸球菌の代表的なものの一つ*Leuconostoc mesenteroides*は比較的低温を好み、生育に適した温度は21～25℃である。食塩や酸に対する抵抗性が比較的弱く、食塩濃度が3％以上になると増殖が抑制される。エンテロコッカスは幅広

図表5-1　発酵漬物に出現する主な乳酸菌

乳酸菌	形状	生育温度(℃)／生育(ph)	食塩濃度(%)／耐塩濃度(%)
Leuconostoc mesenteroides	球菌	5－40 5.4－6.8	2.0 3
Enterococcus faecalis	球菌	10－45 4.5－9.6	6.5 10－13
Enterococcus faecium	球菌	10－45 4.5－9.6	6.5 15－18
Lactobacillus plantarum	桿菌	10－45 3.5－8.2	6.5 13－15
Lactobacillus brevis	桿菌	15－45 3.7－8.2	6.5 15－18
Pediococcus pentosaceus	球菌	5－50 4.0－8.2	6.5－10 13－15
Pediococcus acidilactici	球菌	5－45 4.5－8.2	6.5－10 13－15
Tetragenococcus halophilus	球菌	10－45 5.0－9.0	18－22 15－18

資料：宮尾茂雄「食品微生物学ハンドブック」（好井久雄・金井安之・山口和夫編）、技報堂出版、227（1995）より一部改変

い温度で生育するが、最適生育温度は35℃前後である。ペディオコッカスは比較的食塩に対する抵抗性があり、10％程度の食塩濃度なら生育可能な場合が多い。

乳酸桿菌では、*L.plantarum* や *L.brevis* が優勢菌となる場合が多く、とくに、*L.plantarum* は発酵漬物中でもっとも重要な乳酸菌の一つである。いずれも球菌よりも低いpHで生育が可能なことから、発酵漬物の製造においては中、後期に出現する場合が多い。通常、培地における生育限界食塩濃度よりも漬物中の食塩濃度に対して耐塩性があるが、これは栄養成分の相違に基づくものと考えられている。

② 発酵漬物における微生物の消長

発酵過程において、一般的にみられる微生物叢《そう》の変化を模式図的に示したのが図表5―2である。

発酵初期は原料野菜に付着している好気性細菌（図表中のいわゆる雑菌）が増殖してくる。これらの菌は5％以下の食塩濃度では増殖が阻害されることは少なく、発酵初期にかなりの菌数に達する。好気性細菌の主なものには、*Micrococcus, Bacillus, Pseudomonas, Flavobacterium, Enterobacter, Klebsiella* 属菌などがあり、その他に *Corybacterium, Citrobacter, Erwinia* 属菌などの細菌の増殖がみられることもある。

好気性細菌の増殖と相まって乳酸菌の増殖が始まる。発酵初期に出現してくる乳酸菌の大部分は乳酸球菌で、とくに *L.mesenteroides* が優勢となることが多い。*L.mesenteroides* 以外には *E.faecalis, E.faecium, P.pentosaceus, P.acidilactici* の増殖がみられる。増殖の結果、乳酸量は

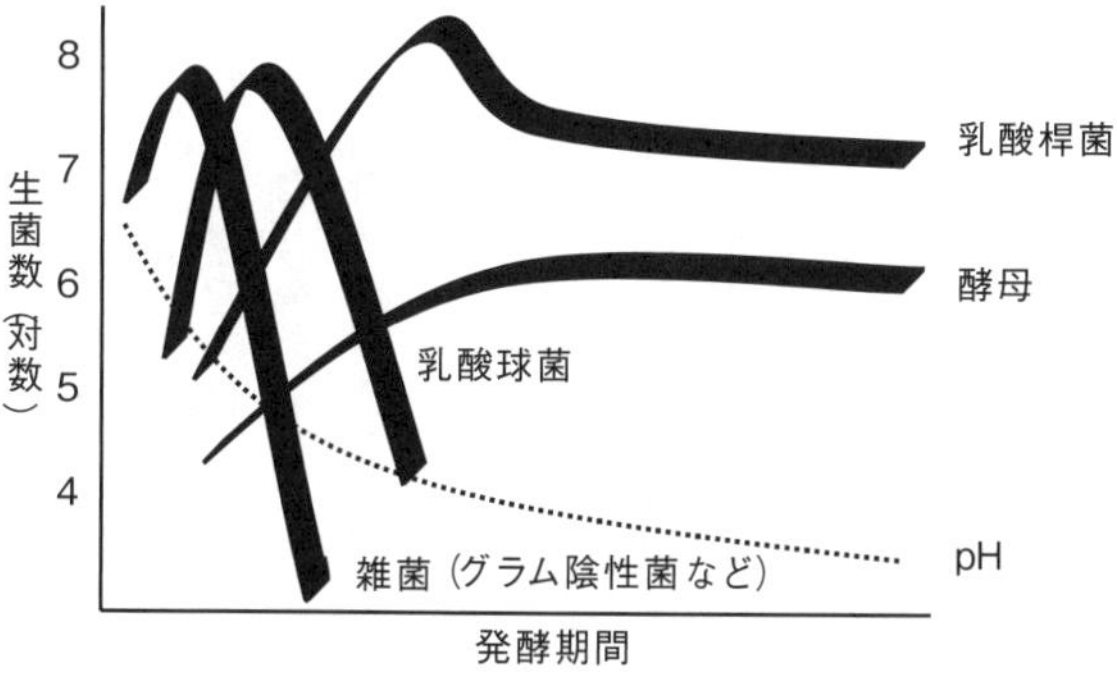

図表5-2　発酵漬物における微生物叢の変化

資料：前田安彦・宮尾茂雄編「漬物の機能と科学」朝倉書店（2014）

0・7～1・0％に達する。*L.mesenteroides* は乳酸以外に酢酸、エタノール、炭酸ガス、エステル、マンニットなどを生成する。これらの生成物は発酵漬物に対し、微妙な香味を付与するものと考えられている。

L.mesenteroides を主体とする乳酸球菌によって乳酸や酢酸が生成され、pHが低下すると酸に弱い好気性細菌は減少、死滅するようになる。発酵中期から後期になると乳酸球菌による乳酸の生成は引き続き行われるが、同時に*L.plantarum*を主体とする乳酸桿菌が急速に増殖し始め、さらに乳酸が生成されるようになる。その結果、*L.mesenteroides* は酸に対する抵抗性が低いことから徐々に死滅するようになる。発酵後期には*L.plantarum*以外にヘテロ型乳酸発酵を行う*L.brevis*などが増殖することが多い。

発酵漬物の製造過程における微生物の消長は、上述した形で推移するのが一般的であるが、原料野菜の種類発酵温度、食塩濃度によって微生物叢の推移は影響を受けるため、かならずしも同様の変化をたどるとはかぎらない。

ぬかみそ漬は野菜が漬かったら取り出して食べるので、ぬか床から出したての風味が大切である。今でも代表的な家庭漬であり、「おふくろの味」といわれるようにそれぞれの家庭独自の味わいがある。美味しいぬか味噌漬を生むためにはぬか床の熟成が必要である。ぬか床の熟成期間中の乳酸菌叢《そう》の変化を図表5—3に示した。昔からいわれていることであるが、ぬか床をこまめに撹拌〔手をいれる〕することにより、嫌気性の悪いにおいを産生する酪酸菌を抑制し、有用な菌を選択することが大切である。

図表5-3　ぬか床の熟成期間中における乳酸菌叢の変化

熟成（日）	構成比率（%）	乳酸菌
0	乳酸球菌　50 乳酸桿菌　50	*Pediococcus pentosaceus* *Streptococcus faecalis* *Lactobacillus plantarum*
60	乳酸球菌　42 乳酸桿菌　58	*P. halophilus* *L. plantarum* *L. coryniformis subsp.* *L. coryniformis* *L. brevis*
120	乳酸球菌　23 乳酸桿菌　77	*P. pentosaceus* *P. halophilus* *L. plantarum* *L. brevis*

資料：今井正武・後藤昭二：農化、58,545（1984）

2　漬物の品質保持技術

漬物は、光や温度などの物理的要因、酸素や化学物質による酸化還元などの化学的要因、細菌やカビの増殖などの微生物学的要因によって、品質が劣化する。具体的には風味の劣化、色沢の変化、包装容器の膨張などの品質劣化、腐敗などを生じる。このような漬物の品質劣化や腐敗などを防止あるいは抑制し、品質保持をはかるための技術として、低温、殺菌、保存、包装技術などがある。

(1)　色沢の改善

食品の色と香りは、食欲に大きな影響を及ぼす。漬物では、梅干しの赤、たくあんの黄色など、色が鮮やかであることが望まれる。また、浅漬においては緑色、千枚漬やらっきょう漬においては色の白さが求められる。漬物では、色止め、着色、変色防止などの品質保持技術が必要となる。

①　色止め

野菜が有する色を保持することは、漬物の品質を維持するうえで大変重要である。野菜の色のうち、唐辛子、ニンジン、トマトなどの赤い色はカロテン系色素・カロテノイドで、光線や酸に対してあまり影響を受けないので変色は少なく、天然系色素のなかでは、もっとも安定している。ただ、カロテノイドは乾燥に弱く、冷凍状態だと酸化する。

一方、ナスなどのアントシアン系色素や、葉緑素である緑色のクロロフィル色素は光線、酸、アルカリ、酸素などによって影響を受け変色しやすいことから、それらの変色を防止する色止めの技術が必要となる。クロロフィルはたん白質と弱く結合しているが、塩漬にすると遊離し、酸があるとマグネシウムが離脱して黄緑色のフェオフィチンになる。さらに、光線などの影響を受けるとフェオホルバイドとなり褐変する。

以前は、硫酸銅などの銅イオンを添加することによって、安定したクロロフィルの銅塩を作らせ、緑色を保持する方法がとられた。しかし、現在は、食品衛生法によって硫酸銅の使用が禁止されているために緑色の保持はきわめて困難である。現状では、ブランチング（湯通し）やアルカリ側でのpH調整（pH5以上にする）、低温保持などが行われているが、かならずしも満足のいくものではない。

野菜の塩蔵を行う際に、塩度が低いと乳酸発酵を起こしやすくなり、pHが低下するために褐変化がおこる。これを防ぐためには、下漬の際は食塩濃度を高めにする必要がある。また、温度が高いと褐変化が進行するので、冷蔵や凍結を行って、緑色を保持することも行われている。

ナスの色素であるナスニンやブドウの色素は、アントシアン系色素であり、pHや温度、酸素の影響を受けて変色しやすい。ナスの色止めの方法として、昔から古釘を使うことが家庭でも行われている。これは、鉄イオンがナスニンと結合し、色素が安定化するためである。工業的には、ミョウバンや硫酸第一鉄を添加することによって、色素を安定化させることが行われている。また、浅漬ナスは調味液から取り出して空気に触れると、時間の経過にともなって褐色に変化する。これは、アントシアン系色素が空気酸化によって変色したからである。酸化による変色を防止するために、還元作用を有するビタミンCを添加することも行われる。

②着色について

漬物は、野菜本来の色を保持することが望ましいが、下漬の原料野菜を使用するような場合は退色していることが多く、商品性からも問題がある。そこで、やむを得ず着色料を使用することになるが、人工着色料は消費者に敬遠される傾向が強いので、現在は天然由来の動植物から抽出した色素を使用することが多くなってきた。天然着色料の代表は、梅干しにみられる赤ジソの利用である。赤ジソの色素であるシソニンはアントシアン系色素であることから、梅酢に合うと鮮やかな赤色を呈するようになる。

シソニンのほかには赤色系色素では、パプリカ色素、ブドウ色素、紅花色素、ビート赤、赤キャベツ色素、紅こうじなどがある。黄色系では、ウコン、クチナシ色素などがある。天然系色素は人工着色料に比べて不安定で、とくに、pHや金属イオン、光線などに弱いので注意する必要がある。

③変色防止

漬物の色は、加熱、光線、酸化などにより、褐変化に代表される変色を起こす。浅漬ナスや、たくあん保存中の褐変化があげられる。

鉄分の多い水を使用したために、千枚漬が灰青色に変色する場合のように、金属イオンの影響によって、漬物が変色することもある。金属イオンによる変色を防止するには、金属イオンを封鎖するクエン酸が効果的である。

しょう油の色は本来赤いものであるが、多くの場合、褐変して黒くなったものを使っている。福神漬やみそ漬の褐変もまた同様に、糖分とアミノ酸との化学反応、いわゆるメイラード反応による褐変化である。これは加熱処理をして酵素を失活させても起こるので非酵素的褐変ともいう。メイラード反応による変色を防止するためには、アミノ酸系調味料の入れ過ぎに注意する必要がある。

ゴボウやラッキョウの変色は、野菜のもつポリフェノール、タンニン成分がポリフェノールオキシターゼによって酸化されて起こる酵素的褐変である。酸化による変色を防止するには、還元作用を有する物質を利用するのがよい。その代表的なものがビタミンC（アスコルビン酸、エリソルビン酸など）である。また、酸素を遮断し低温状態を保つと変化は抑制される。

たくあん漬の漬込み中に発生する大根の黄変は、大根の根の部分に多く含まれるカラシ油がその原因である。ミロシナーゼにより分解された辛味成分が漬込み期間中に変化し、黄色色素を作り出す。この黄変は低温である程度抑えられる。

④ 漬物の香気

ヤマゴボウ、ゴボウ、ワサビ、ショウガなどは香りが大変強く、漬物にした場合もその香気が特徴となっている。香気は揮発性の精油であることから、調味漬の場合、調味液の溶存酸素によって酸化し、良好な香りはガソリン様の異臭と変化する。ヤマゴボウの場合は酸化防止剤を添加することにより防止できるが、ほかの場合は賞味期限を短くして対処するのがよい。

(2) 塩蔵の管理方法

① 塩蔵の方法

塩蔵の方法には4つの重要なポイントがある。それは「適期収穫」、「迅速漬込み」、「迅速水揚げ」、「塩度20％」である。

② 低温低塩塩蔵

昭和50年代に開発された塩蔵方法である。シヨウガの場合は、新ショウガをよく洗浄し、食塩濃度6％になるように容器に漬け、ただちに冷蔵庫に収納する。漬け揚がり後も冷蔵庫で保管する。この方法は脱塩が回避でき、それにともなう風味の流失も防ぐことができる。このほかに、シロウリの鉄砲漬、カリカリ小梅、干したくあん、塩押したくあんなどで実用化されている。

また、野沢菜漬は、低温塩蔵によって葉緑素が保持されることから、きれいな緑色の菜漬ができる。

③ 塩蔵品の規格、塩蔵品購入時受入れ規格

塩蔵品は、野菜を契約栽培して自社でタンクに漬ける場合、野菜をほかから購入して自社で漬ける場合、また、産地の塩蔵品取扱業者が塩蔵したものを購入する場合があるが、そのすべてにおいて規格による管理を行う。野菜では、栽培地、品種、栽培日数とサイズ、病虫害の有無、色味などの外観などを規格化しておく。自社塩蔵の場合は、漬込み方法、使用食塩量、加工までの最低塩蔵日数、塩蔵品の管理塩度などを規格化しておくことが必要である。

中国、タイ、ロシアなどからの輸入塩蔵品を購入する場合もある。受入時の寸法、歯切れ、色調、異臭の有無などの品質、歩留り、保存温度

などの製品の規格をきちんと設定しておくことが重要なことである。

3 漬物の微生物管理

(1) 漬物に関与する微生物

漬物には数多くの種類があり、固有の食塩濃度、酸濃度を有している。したがって、漬物に影響を及ぼす微生物の種類もさまざまである。乳酸菌や酵母は、ぬか漬やすぐき漬などの発酵漬物においては風味を形成するうえで重要な役割を果たしているが、浅漬や袋詰製品においては酸敗や、膨張（フクレ）の原因となる有害菌でもある。また、事例は少ないが漬物中で腸炎ビブリオ菌や大腸菌などの食中毒菌が増殖し、食中毒を起こすこともある。食中毒菌に関しては、「七、漬物工場の衛生管理」に記載する。

漬物原料や漬物の製造方法、保存方法に関係の深い主な微生物を示した。

・原料野菜……シュードモナス、フラボバクテリウム、大腸菌群、ミクロコッカス、バチルス属など
・ぬか漬……ロイコノストック、エンテロコッカス、ラクトバチルス、ペディオコッカス、サッカロマイセス、ザイゴサッカロマイセス、トルロプシス、アスペルギルス属など
・塩漬……サッカロマイセス、ザイゴサッカロマイセス、トルロプシス、アスペルギルス、ペニシリウム属など
・浅漬……ロイコノストック、ペディオコッカス、エンテロコッカス、ラクトバチルス、シュードモナス、エンテロバクター、フラボバクテリウム、ミクロコッカス、エンテロバクター、サッカロマイセス、トルロプシス、キャン

ディダ属など

(2) 漬物の変敗

漬物を微生物制御の面からみると、福神漬小袋詰のように加熱殺菌により長期保存が可能なもの、酢漬や粕漬のように漬床の成分により保存性を高めたもの、すぐき漬やしば漬のように乳酸発酵による風味の付与とpHの低下によって保存性を高めたもの、および食塩濃度が2％前後と低く、保存性に乏しい浅漬類に分けることができる。

たくあん漬、野菜しょう油漬など合成樹脂製袋詰製品のうち加熱殺菌を行ったものは、微生物による変敗を生ずることはないが、加熱不足によりヘテロ型乳酸菌や酵母によってガス膨張が生じることがある。したがって、殺菌工程においては漬物製品の形態に応じた加熱温度、加熱時間など適切な殺菌条件を慎重に検討したうえで実施することが大切である。

非加熱製品のなかでも梅干しやきゅうり古漬のように食塩濃度が高いものや、らっきょう甘酢漬のようにpHの低い漬物においては、細菌の増殖はほとんどみられないが、酵母やカビの増殖が時にみられることがある。

浅漬やぬかみそ漬など、野菜本来の味を生かそうとする漬物は食塩濃度や糖濃度が低めでマイルドな漬物が多いことから、微生物が増殖しやすい環境となり変敗が起きやすい。食塩濃度が2％前後の浅漬類は、漬物のなかではもっとも微生物管理の困難なものの一つである。保存中は原料野菜由来の多種類の細菌の増殖がみられ、品質を低下させる。したがって、初発菌数をいかに減少させるかが重要である。

漬物の変敗と主な原因菌を図表5―4にまとめた。

4　漬物の保存性向上技術

漬物の変敗防止、保蔵・流通対策は、第一に加熱殺菌やpH調整、保存性向上剤の使用などの補助的手段を用いることによりシェルフライフ（棚持ち寿命）の延長を図ることが必要である。第二は各製造工程での微生物管理とともに、「七、漬物工場の衛生管理」で述べる工場全体の自主的衛生管理、トータル的な製造環境の整備が必要である。第三には流通時や保存時において低温流通（コールドチェーン）を一貫して行うことである。ここでは第一の漬物の保存性向上技術について述べる。漬物の保存性向上を考えるうえでの微生物制御としては、

1）どのようにして菌数を減らすか（除菌、殺菌）

2）菌数をどのように抑制するか（制御）

が基本となる。これらを実行する際は、漬物の特性に合わせた方法を選択する必要がある。現在、食品に利用されている微生物制御方法の概略を図表5―5に示した。

⑴　加熱殺菌

合成樹脂製小袋詰め製品の変敗のなかで、比較的多いものが膨張である。原因のほとんどは酵母であるが、ガスを生成する乳酸菌や耐熱性芽胞菌が原因となることもある。加熱殺菌は熱伝導差があるので、基本的には80℃、20分間確実に行う。漬物の種類、包装形態、包装袋の形

図表5-4 漬物の変敗の種類とおもな原因菌

変敗の状態	主　な　原　因　菌
調味液の濁り	乳酸菌，グラム陰性細菌 （シュードモナス，大腸菌群，フラボバクテリウムなど）
酸　　　敗	乳酸菌，酢酸菌，バチルスなど
酪酸臭の発生	クロストリジウムなど
粘　性　化	シュードモナス，バチルス，ロイコノストック，ラクトバチルス，プランタルムの変種
変　　　色	シュードモナス，ミクロコッカス，アルカリゲネス，バチルス，カンジタ，ピヒア，サッカロマイセスなど
着　　　色	ミクロコッカス，ロドトルラなど
軟　　　化	エルビニア，シュードモナス，バチルス，ペニシリウム，フザリウム，クラドスポリウムなど
酢酸エチル臭	ハンゼヌラ　アノマラなど
膨　　　張	ロイコノストック，メセンテロイデス，ラクトバチルス，ブレビス，サッカロマイセス，ザイゴサッカロマイセス
産　　　膜	デバリオマイセス，ピヒア，クレブジエラ，カンジダなど
バキューム現象	ミクロコッカス，酵母など

図表5-5 食品の微生物制御方法の概略

方法		具体例
物理的な制御法	温度	高温殺菌（熱水、熱蒸気、加圧蒸気、マイクロ波加熱、通電加熱など）
		低温保存（低温流通、冷凍保存）
	ガス	真空、ガス置換、脱酸素
	除菌	無菌フィルター
	水分活性	乾燥、食塩添加、糖添加、アルコール添加
	圧力	高圧殺菌、浸透圧
	電磁波	紫外線（波長200～300nm）、電離放射線（γ線、電子線）
化学的な制御法	pH	酸調整、アルカリ調整
	合成殺菌料	次亜塩素酸、過酸化水素水
	合成保存料	安息香酸、プロピオン酸、パラオキシ安息香
	化合物	亜硝酸ナトリウム、グリシン、有機酸、界面活性剤（脂肪酸エステル）
	保存性向上物質	グリシン、酢酸ナトリウムなど
	天然物由来添加物	アルコール、香辛料（クローブ、ローズマリーなど）、桂皮酸、ヒノキチオール、モウソウチク成分、ペクチン分解物、キトサン、プロタミン、ポリリジン、ホップ抽出物、唐辛子抽出物、ベタインなど
	ガス	オゾンガス、カラシ抽出物蒸気など
生物学的な制御法	バイオプリザベーション	乳酸菌

状、pH、保存料などによって殺菌効果が異なるので、殺菌温度や殺菌時間の設定にあたっては慎重に検討する必要がある。加熱殺菌を行う際に注意すべき点について、以下に述べる。

加熱殺菌は生菌数が少ないほど効果があるので、殺菌前の生菌数はできるだけ少なくなるように原材料や製造用機械器具類の洗浄をていねいに行う。加熱殺菌装置を通過する際に袋が重なり合うと袋の間に挟まれた製品が加熱不足となり、変敗することがある。また、製品が脱気不足の場合は、加熱殺菌中に包装袋が熱膨張するため、部分的に熱伝導が不足となり、十分な加熱殺菌が行われないこともある。

その他にはヒートシールを確実に行うことも重要である。シールが確実に行われないとシール部分にすき間ができ、加熱殺菌後の冷却時に包装内部が減圧となるため、冷却水とともに有害菌が包装内部に吸収され、変敗することがある。二次汚染を防ぐためには製造環境の整備や従業員の取り扱いについて注意することも大切である。

⑵ 低温保存・低温流通

浅漬類やキムチなど加熱殺菌のできない漬物の場合は、低温保存が基本となる。低温保存は微生物の増殖を抑制し、漬物の変敗を防ぐ。低温保存は10℃以下が多いが、10℃以下でも増殖可能な低温細菌などを考慮して、5℃以下で保存することが望ましい。

図表5—6はきゅうり浅漬の保存温度と生菌数の変化、図表5—7は保存温度と調味液の透過率の変化を調べたものである。透過率は調味

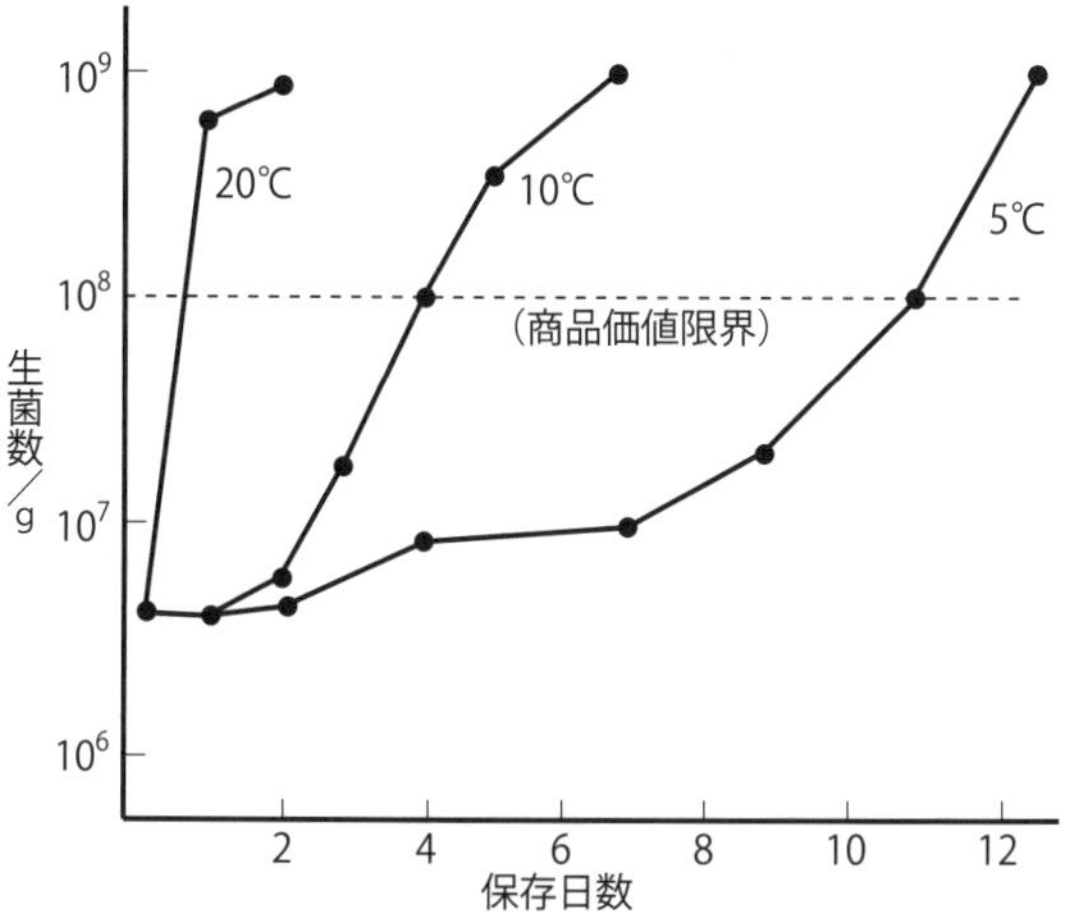

図表5-6 きゅうり浅漬の生菌数におよぼす保存温度の影響

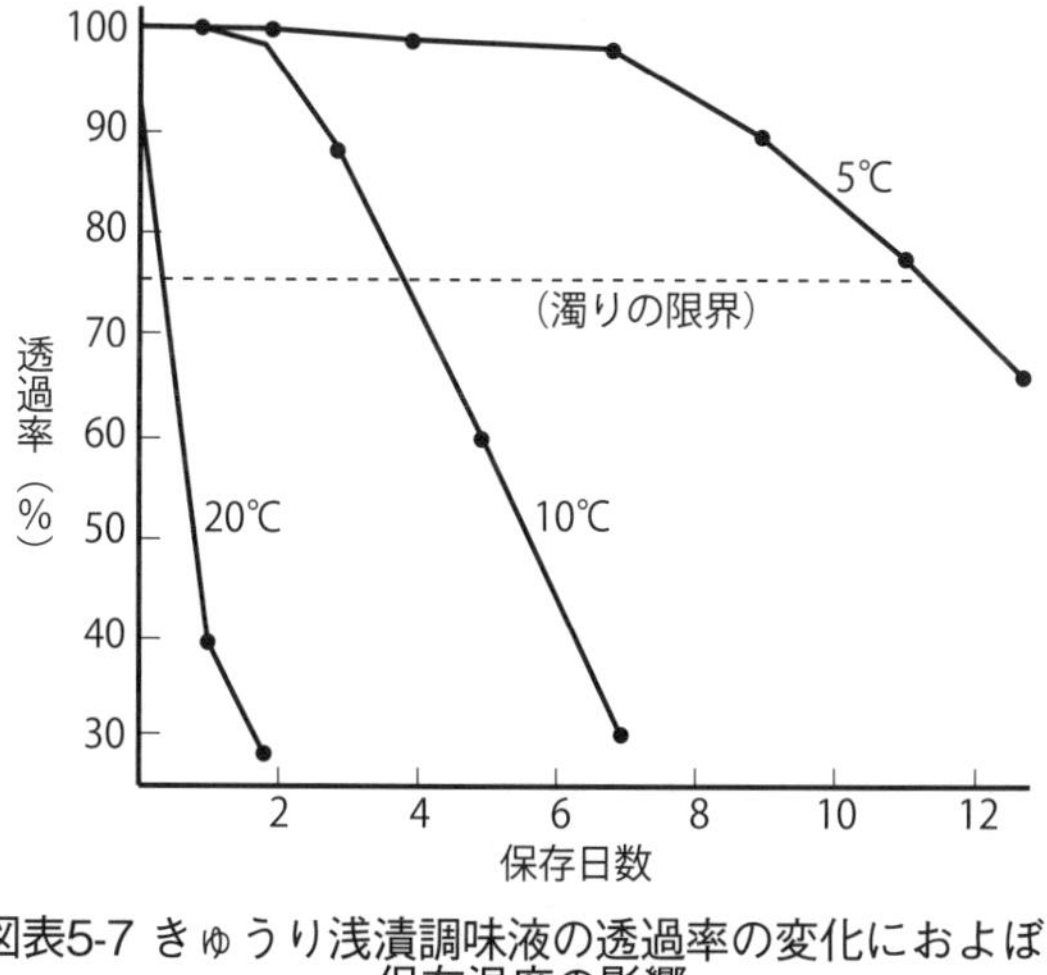

図表5-7 きゅうり浅漬調味液の透過率の変化におよぼす
保存温度の影響

液の濁りの程度を示すもので、透過率が高いほど調味液が透明に近いことを表わし、透過率の低下は微生物が増殖し、濁りを生じていることを示している。調味液の生菌数が1㎖あたり千万以上になると肉眼的にも濁りを感ずるようになり、透過率も70から80％と下がり、浅漬としての商品性は著しく低下する。乳酸菌の増殖が活発となり、乳酸などの生成によって酸味を呈するようになる。キュウリなどは新鮮な緑色が退色し、黄変するようになる。図からも明らかなように、低温保存により、20℃では1日しか日持ちしないものでも10℃では4日、5℃では10日間まで日持ちすることがわかる。

低温保存はきわめて有効な手段であるが、コールドチェーン（一貫低温流通）といって、低温管理を一貫して行わなければ意味がない。一時的にも温度の上昇があれば、その時点で急激に微生物の増加がみられ、たちまち品質が低下することになる。

(3) 貧栄養

製品の調味液をほとんど無栄養にして、微生物の栄養源を絶って繁殖を抑える方法である。甘酢ショウガ（ガリ）の業務用製品は、調味液を食塩、サッカリン、氷酢酸、クエン酸と微量の色素でつくる。

(4) その他の保存性向上技術

① 水分活性の調整

たくあんの天日乾燥、いぶりたくあんの焙乾、熱風・ドラム乾燥、SD(Spray Dry：噴霧乾燥)、FD（Freeze Dry：凍結乾燥）などの方法がある。

② **浸透圧**

減塩する場合、食塩の代わりにアルコールや糖類、塩化カリウムなどを添加し、これらの浸透圧の合計が減塩する食塩の浸透圧と同じであれば、ほぼ同様の保存性を保つことができる。

③ **pH低下**

有機酸の添加によりpHを下げて保存する方法である。有機酸のなかでは、酢酸がもっとも強い抗菌力を有する。したがって、同じpHであれば、酢酸でpH調整した方が保存効果は高い。しかし、酢酸は揮発性のある酸であり、風味への影響を考慮する必要がある。このほかに乳酸、フマール酸、クエン酸、アジピン酸、コハク酸、グルコン酸などが利用される。

④ **保水剤**

漬物の保水性による外観の向上に利用される。しっとり感や光沢性を付与する際に使用されることが多い。ソルビットなどが代表的なものである。

⑤ **酸化防止剤**

酸化防止剤は、褐変防止や脂質類の酸化によるオフフレーバーの抑制の目的で利用される。代表的なものはビタミンC（アスコルビン酸）やエリソルビン酸などがある。漬物では、たくあんやなす浅漬の酸化防止に使用されている。

⑥ **脱酸素剤**

脱酸素剤は、包装内部の酸素を除去することにより、酸化を抑制するとともに好気性微生物の増殖抑制にも効果がある。漬物の風味・香味の劣化防止として使われており、やまごぼう漬など精油の多い製品にとくに向いている。

⑦ 包装材

漬物に利用されるフィルムは多種類ある。ガスバリアー性を高める目的から、エバールなどのガスバリアー性の高いフィルムをラミネートした三層ラミネートフィルムやガス選択透過性包材、酸素吸収性包材、超ハイバリアー包材など、漬物の特性に合わせた包装材が利用されている。

⑧ 環境浄化

製造用水や施設内の空気浄化として、オゾン水による連続殺菌脱臭システムなどがある。

5 保存性向上剤の利用

(1) ソルビン酸

ソルビン酸は、漬物の保存性向上にもっとも効果的な化学的合成保存料である。ソルビン酸は酵母に対してとくに有効であることから、包装袋の膨張を防ぐ目的や産膜酵母・カビの増殖抑制の目的から利用されることが多い。ソルビン酸はpHの低いところで抗菌効果を発揮することから、酢漬類などのpHが低い漬物にとくに効果的である。

ソルビン酸自体は図表5—8に示すように、水や食塩水に難溶であるため、調味液への添加は効果的ではない。そこで、一般的には水に溶解しやすいソルビン酸カリウムが使われることが

図表5-8 ソルビン酸、ソルビン酸カリウムの溶解度

溶　　媒	ソルビン酸	ソルビン酸カリウム
水	0.16	58.2
20%エタノール	0.29	54.6
氷　酢　酸	11.50	−
5%食塩水	9.105	47.5
15%食塩水	0.038	15.0
25%砂糖液	0.12	51.0

注　：温度20℃の溶液100mℓに溶ける量(g)。

図表5-9 漬物に対するソルビン酸の使用量（最大値）

漬物1kgに対して		添加する漬物
ソルビン酸	ソルビン酸カリウム	
1.0g	1.33g	かす漬・こうじ漬・塩漬・しょうゆ漬・みそ漬*
		たくあん漬（一丁漬・早漬を除く）
0.50g	0.665g	酢漬の漬物

資料：小川敏男「漬物製造学」光淋（1988年）
*みそ漬にあっては、原料のみそに含まれるソルビン酸および
その塩類の量を含めてソルビン酸量として1.0g/kg以下。

図表5-10 キュウリ付着菌に対する次亜塩素酸ナトリウム溶液（100ppm）の殺菌効果に及ぼすpHの影響

pH ＼ 時間	5分	10分	20分	30分
4.0	2.8×10^3	1.7×10^3	6.2×10^2	1.0×10^2/g
5.7	9.3×10^3	3.5×10^3	3.7×10^3	1.5×10^3
10.7	5.2×10^4	3.3×10^4	7.8×10^3	5.3×10^3

対照：流水洗浄（30秒）4.4×10^6/g
水温：28℃（井川ら、1985）

多い。ソルビン酸およびソルビン酸カリウムは、食品衛生法によって漬物への使用が制限されているので、図表5―9の使用基準に従い、使用する必要がある。

(2) 有機酸

有機酸による保存効果は、有機酸自体が有する抗菌力とpH低下作用の協同によるものである。抗菌力はおよそ以下のとおりである。

酢酸＞アジピン酸＞フマール酸＞コハク酸＞乳酸＞グルコン酸＞リンゴ酸＞クエン酸、酒石酸

有機酸はそれぞれ特徴的な酸味を有していることから、漬物の性状に合わせた選択が必要で、単独あるいは併用して利用される。食中毒菌の多くがpH４・５以下になると生育が抑制されることや味覚上からpH４・５～５・０程度のpH調整を行うことが多い。

食酢（酢酸）の抗菌力は昔から知られており、酢漬や酢の物などに利用されてきた。漬物製造においては、洗浄殺菌と保存の両面から利用されている。図表5―10は浅漬の原料であるキュウリを次亜塩素酸ナトリウム溶液（１００ppm）で殺菌洗浄する場合に、酢酸を併用することにより殺菌効果を高めている事例である。酢酸を用いてpHを４・０に調整したものは、初発菌数が１mℓあたり４４０万のものが１００まで低下しており、対照のものと比較して殺菌効果が優れている。

図表5―11の例は浅漬の下漬時および調味液に酢酸を利用した場合の製品の保存性をみたものである。15℃保存の場合、対照区のものは2

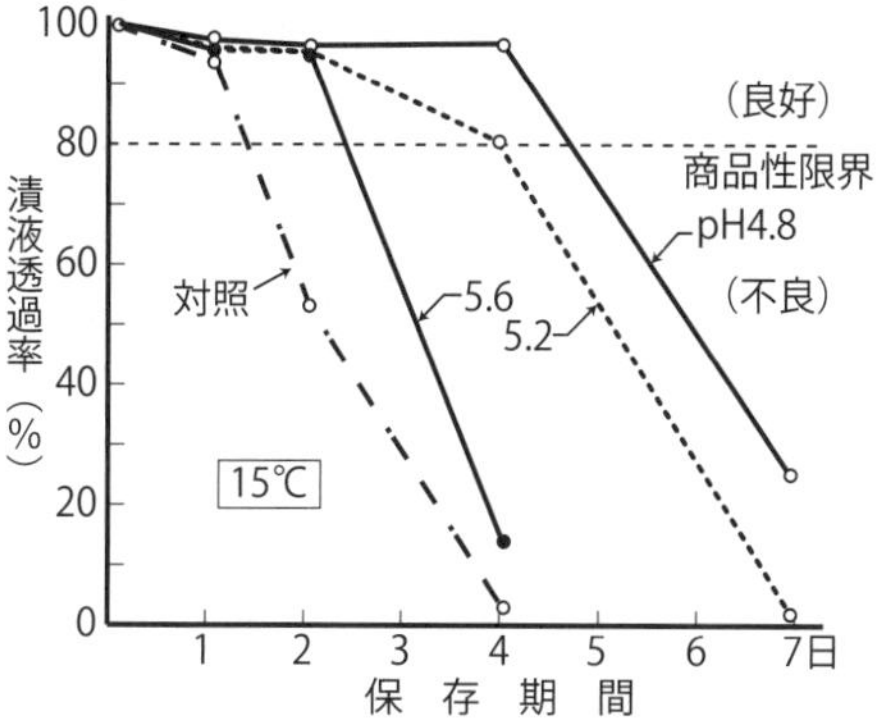

図表5-11 きゅうり浅漬の保存性におよぼすpHの影響（井川ら、1985）

日以内に白濁し、商品性がなくなるが、酢酸でpH調整したものはpH5・6のものは3日、pH5・2のものは4日、pH4・8のものは5日後に白濁が生じており、保存性の向上がみられる。

(3) グリシン

アミノ酸の一種で、グラム陽性菌、なかでも耐熱性芽胞菌のバチルス属菌の増殖抑制に有効であり、多くの食品で芽胞菌対策として利用されている。グリシンの単独使用では2%程度の添加が必要であるが、酢酸ナトリウムや溶菌酵素リゾチームとの併用により、添加量を減らすことができる。リゾチームはグリシン同様、グラム陽性菌を抑制する作用を有しており、両者を併用すると相乗効果が得られることから、漬物以外の食品でも広く利用されている。近年、プロタミンを併用することにより、より保存効果を高めているものも市販されている。

(4) アルコール

アルコールは安全性に優れており、消費者にもなじみがあることから、さまざまな形で利用されている。製品自体に混合したり、トレーカップに入れた漬物の表面に噴霧したり、製品のアルコール液浸漬に利用されている。水分活性が高い浅漬には保存効果は低いが、福神漬のように水分活性がある程度低いものに対しては保存効果が現われやすい。また、安全性が高いので製品のほかに製造環境の殺菌や手指などの消毒に幅広く利用されている。

(5) カラシ抽出物

ワサビやカラシに抗菌力があることは古くから知られていた。それを抗菌剤として積極的に利用する研究が始められたのは、最近のことである。カラシ抽出物は主に黒カラシを原料とし、カラシ油を搾った後の残渣を水蒸気蒸留することにより得られる。水にはわずかしか溶解しない易揮発性の物質である。カラシ抽出物の主成分はイソチオシアン酸アリル（*Allylisothiocyanate* 略称ＡＩＴ）で、強い抗菌作用を有する物質である。大根、キャベツ、高菜など十字花植物の辛味成分として広く分布している。ＡＩＴは水溶性の状態よりもガス状態の方が強い抗菌力を発揮することが特徴である。

ＡＩＴは多種類の微生物の増殖を抑制するが、とくに真菌類（カビ、酵母）や細菌のなか

図表5-12 各種微生物に対するイソチオシアン酸アリル(AIT)の最小生育阻止濃度(MIC)

分類	被験菌			MICレベル*				
				A	B	C	D	E
カビ	*Altemaria altemata*	*IFO 4026*	ススカビ属	●				
	Mucor racemosus	*IFO6745*	ケカビ属	●				
	Penicillium chrysogenum	*IFO6223*	青カビ属	●				
	Penicillium citrinum	*ATCC9849*		●				
	Penicillium islandicum	*NFRI1156*		●				
	Penicillium digitatum				●			
	Aspergillus niger	*ATCC6275*	麹カビ属	●				
	Aspergillus flavus	*IFO5839*			●			
	Aspergillus flavus	*NFRI1157*		●				
	Cladosporium herbarum	*IFO31006*	クロカワカビ属	●				
	Cladosporium cladosporioides	*IFO6348*		●				
	Rhizopus javanics		クモノスカビ属		●			
	Wallemia sebi	*IFO5992*	アズキイロカビ属	●				
	Chaetomium globosum	*IFO6347*	ケトミウム属	●				
	Monascus ruber	*IFO31842*	紅麹カビ属	●				
	Fusarium oxysporum	*NFRI1011*	赤カビ属	●				
	Fusarium graminearum	*NFRI1233*		●				
	Fusarium solani	*IFO9425*		●				
酵母	*Geotrichum candidum*		ゲオトリクム属		●			
	Zygosaccharomyes rouxii	*IFO0320*	漬物関連酵母	●				
	Debarymyces kloeckeri	*JCM1526*			●			
	Torulopsis versatilis	*JCM5957*		●				
	Hansenula anolama	*NFRI3717*	腐敗性酵母	●				
	Torulaspora delbreuckii	*NFRI3811*		●				
	Candida toropicalis	*NFRI4040*	耐糖性酵母	●				
	Zygosaccharomyes rouxii	*NFRI3447*	しょう油酵母	●				
グラム陽性菌	*Saccharomyes cerevisiae*	*NFRI3066*	パン酵母	●				
	Candida albicans	*IFO1061*	病原性酵母	●				
	Staphylococcus aureus	*IFO12732*	黄色ブドウ球菌		●			
	Staphylococcus epidermidis	*IFO12993*	表皮ブドウ球菌		●			
	Bacillus cereus	*IFO13494*	セレウス菌		●			
	Bacillus circulans	*IFO3329*			●			
	Bacillus subtilis	*IFO13722*	枯草菌		●			
	Leuconostoc mesenteroides	*IFO3426*	乳酸球菌					●
	Streptococcus faecalis					●		
	Lactobacillus brevis	*IFO3960*	乳酸桿菌				●	
	Lactobacillus plantarum							●
	Pediococcus acidilactici							●
	Pediococcus halophilus							●
グラム陰性菌	*Escherichia coli*	*JCM1891*	大腸菌	●				
	Salmonella Typhimurium	*ATCC14028*	チフス菌	●				
	Salmonella ParatyphiB		パラチフス菌		●			
	Salmonella pullorum			●				
	Salmonella Enteritidis		腸炎菌	●				
	Shigella flexneri 1b		赤痢原因菌		●			
	Vibrio cholerae		コレラ菌	●				
	Vibrio parahaemolyticus	*IFO13275*	腸炎ビブリオ菌	●				
	Pseudomonas aeruginoza	*IFO13275*	緑膿菌	●				

*判定基準　A：20ppm以下、B：21～60ppm、C：61～120ppm、D：121～360ppm、E：361ppm以上。

でもグラム陽性菌（ブドウ球菌やバチルス属菌など）の増殖を効果的に抑制する。また、多くのグラム陰性菌（大腸菌やサルモネラ菌）に対してもＡＩＴは抗菌性を有しているが、乳酸菌に対してはやや弱い傾向が認められる（図表5―12）。

これらの特性を考慮すると、漬物の表面に酵母の発生が多くみられるきゅうりぬか漬、減塩梅干し、キムチなどの製品に効果的で、一部の市販品に使用されている。漬物以外では食品表面での微生物の増殖が問題となる切り餅、海藻、干物などの保存性を高める場合に適している。使用形態も液状、シート状などがあり、さまざまな方法で検討が進められている。

(6) キトサン

キトサンは、自然界に広く存在するキチン質を加水分解することによって得られる高分子多糖類の一種で、キチンを濃アルカリで脱アセチル化することによって得られる。キトサンは白色から淡黄色の粉末で、水、有機溶媒には難溶であるが、塩酸、硝酸などの希酸、酢酸、乳酸、リンゴ酸などの有機酸には溶解する。しかし、多価の有機酸であるクエン酸や酒石酸には難溶である。

キトサンはたん白凝集性、免疫強化など多くの機能を有しており、その一つとして抗菌作用を利用した食品保存への利用が注目されている。キトサンの抗菌作用は微生物細胞表層部に作用し、物質の透過性に影響を及ぼすものと考えられている。乳酸菌などのグラム陽性菌に対しては殺菌効果が強く、グラム陰性菌に対しては弱いことがキトサンの特徴である。

キトサンは水に不溶であるため、酸などに溶解させてから使用する必要がある。食品を対象としてキトサンを利用する場合はキトサンを酢酸、乳酸、アジピン酸などに溶解したものが使用される。酢酸はキトサンとほぼ同量を使うことによりキトサンを溶解させるが、リンゴ酸やクエン酸の場合はキトサン量の3倍以上が必要となるため、市場に出ているキトサン製剤の多くは酢酸や醸造酢を用いて溶解させたものである。

食品に使用する場合に注意すべき点としては、以下のことがあげられる。一つはpHが約6～7以上となるとキトサンはコロイド状になる性質があるため、食品のpHが6～7以上になった場合には、抗菌力の低下がみられる。もう一つは、たん白質濃度の高い食品ではキトサンがたん白凝集剤であることから、その凝集作用のためにキトサン自身の抗菌力が低下する。

キトサンを保存性向上剤として効果的に利用できる食品としてはたん白質が少なく、かつpHが酸性側の食品であることが望ましい。

きゅうり浅漬に応用した例を図表5―13に示した。きゅうり浅漬は漬液が透明であることが重要なポイントである。一般的に漬液の透過率が70～80％以上あれば澄明で商品性があり、それ以下になると肉眼的にも濁りを感じるようになり、商品性は低下する。キトサンをきゅうり浅漬に添加した場合は、20℃保存では対照や酢酸のみの場合で2日以内に漬液は肉眼的にも濁りを感じるようになる。一方、キトサンを利用

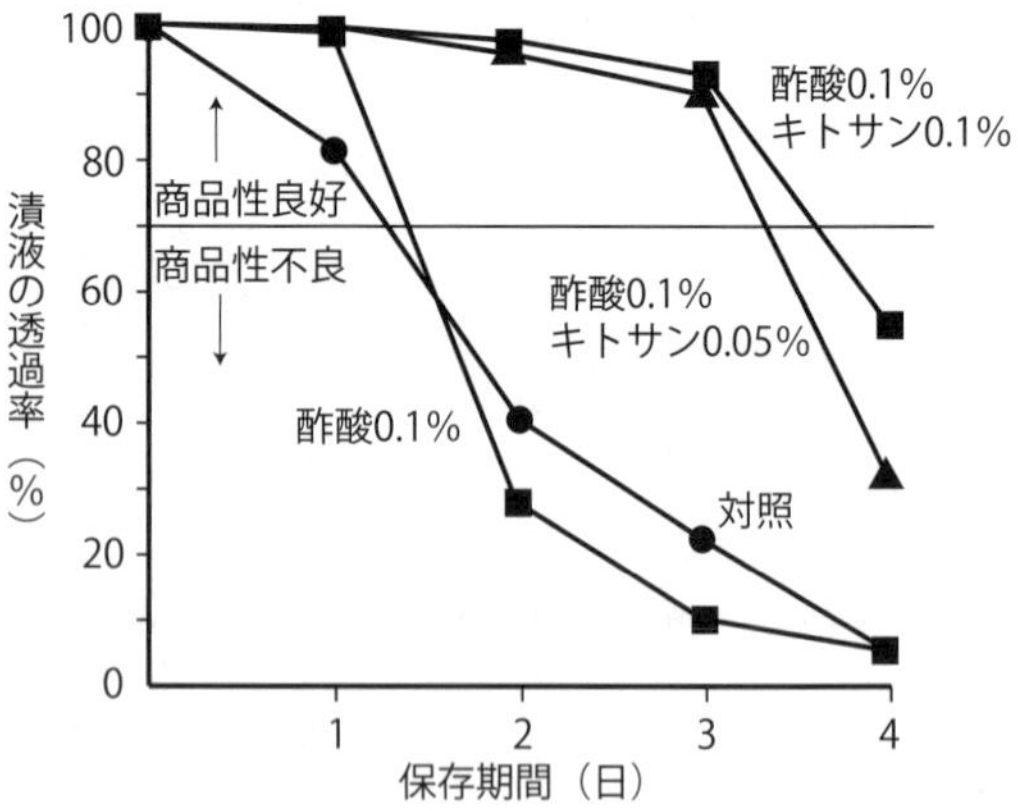

図表5-13 キトサンによるきゅうり浅漬の保存（20℃）

したものは微生物の増殖による濁りの発生が遅延し、3日経過後も漬液は澄明さを保持しており、保存効果が認められている。

(7) その他の天然物由来物質

自然界に存在する香辛料、魚介類、竹や樹木などから抗菌作用を有するものを抽出し、製剤化したもので、プロタミン、ローズマリー抽出物、ポリリジン、モウソウチク抽出物などがある。天然系の保存性向上剤は、それ自身では強力な抗菌力を有しないものが多いが、ほかの物質と併用することにより効果が得られる場合が多い。今後新たな製品が開発される可能性も高い。

六、漬物と健康

1　漬物に含まれる栄養素

近年、消費者の健康と食べ物に対する関心はますます高くなっている。平成27（2015）年4月からは、機能性表示食品制度が始まった。販売前に安全性と機能性の科学的根拠となる情報などを消費者庁長官に届け出ることで、健康の維持・増進効果などの機能性を具体的に食品に表示できるようになった。

漬物は食物繊維をはじめ、ビタミン類、ミネラルや機能性成分を多く含んでいる。また、発酵を経て製造される漬物には多量の乳酸菌（いわゆる植物性乳酸菌）が含まれていることから、その健康維持機能に対する寄与も高い。

(1)　食物繊維

食物繊維は「ヒトの消化酵素で消化されない食品中の難消化性成分の総体」と定義される。消化管機能や蠕動《ぜんどう》運動の促進、栄養素の吸収を緩慢にするなどさまざまな生理作用が知られている。また歯科の分野では、食物繊維は噛む回数を増やし、唾液の分泌を促すことで、口の中の汚れを洗い流し、歯周病や虫歯の予防に効果があるといわれている。

食物繊維とヒトの健康の関連性について最初に注目した人物は、英国のデニス・バーキット博士である。1975年、バーキットは、大腸がんや心筋梗塞など当時、文明病といわれていた生活習慣病の患者が多いロンドン市民と、患者が少ないアフリカ先住民の食物と糞便の関係について比較調査した（図表6―1）。ロンドン市民は、食物繊維の少ない精製された小麦粉で加工された食品や肉類を多く好んで食べており、アフリカ先住民は繊維質が残るトウモロコシを用いた食品を中心に食べていることがわかった。排泄された便を調べた結果、ロンドン市民は一日に出る量が少なく、また硬いことがわかった。排便回数が少なく硬い便ということは、便が腸に留まっている時間が長く、腹圧が高まりやすいことを意味している。一方、アフリカ先住民の排便回数は多く、糞便は軟らかく大量に排泄していることから、腸における滞留時間は短く、腹圧も低くなる。これは食物繊維の多いトウモロコシを中心とした食生活に基づいていることがわかってきた。当時、食物繊維は食物のカスであり、栄養分は無いとされていたが、

図表6-1 ロンドン市民とアフリカ先住民の
食事の特性と糞便・生活習慣病

項目	ロンドン市民	アフリカ先住民
食事の特性	精製小麦粉を用いた食物、肉類	食物繊維が多く残存するトウモロコシを用いた食品
便の硬さ	硬い	軟らかい
便の量（1日当たり）	100～120g	350～400 g
便の滞留時間	長い	短い
腹圧	高い	低い
心筋梗塞	多い	少ない
大腸がん	多い	少ない

資料：デニス・バーキット「食物繊維で現代病は予防できる」
中央公論社（1983）から一部変更

バーキット博士は、健康に及ぼす食物繊維の重要性を初めて指摘した。
平成22（2010）年の厚労省の発表によると、食物繊維を一日20g以上摂取すると糞便重量が増加することが統計的に明らかになった。食事摂取基準のなかで食物繊維の摂取量が一日24g以上で心筋梗塞の発症は低下し、12g以下では死亡率が増加することが示された。また、平成27年の「日本人の食事摂取基準」によると成人の食物繊維の目標値は男性一日20g以上、女性18g以上の摂取が望ましいとされているが、実際は、図表6―2で示すとおり、若い人たちはあまり食物繊維を摂らず、年齢が高くなるにつれ、多く摂取する傾向がみられる。しかし、いずれの年代も目標値に達していない。より多くの食物繊維を野菜や漬物から摂ることが求められる。

図表6-2 日本人の食物繊維摂取量

単位：g／日

年齢（歳）	男性 目標値	男性 摂取量	女性 目標値	女性 摂取量
18〜29	20以上	12.5※	18以上	11.5※
30〜39	20以上	13.5	18以上	12.6
40〜49		13.5		12.2
50〜59	20以上	14.1	18以上	14.2
60〜69		16.6		16.4
70以上	19以上	17.3	17以上	15.5

目標値：厚生労働省「日本人の食事摂取基準（2015年版）」
摂取量：厚生労働省「平成25年国民健康・栄養調査結果」
※摂取量は20〜29歳の調査結果

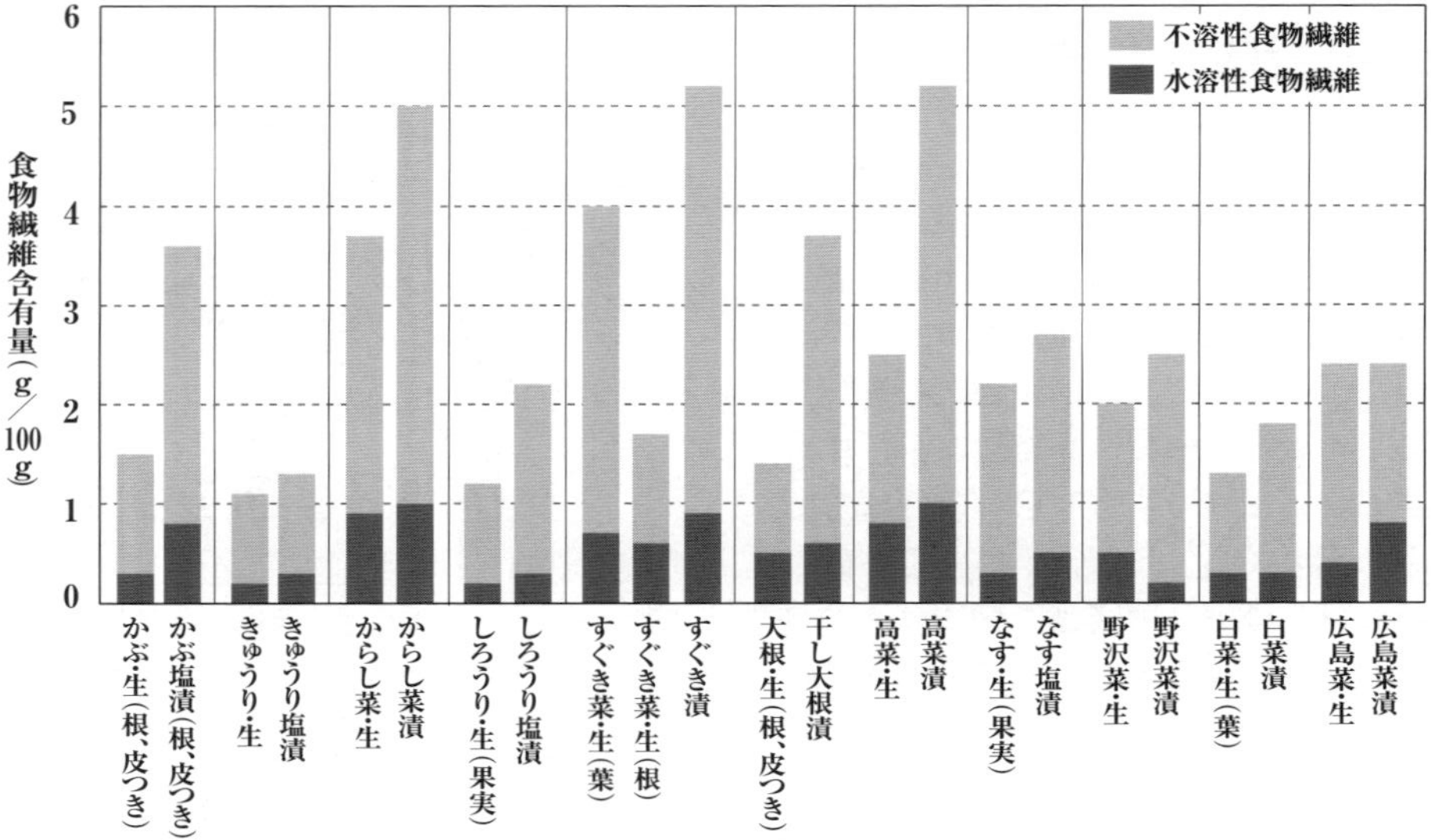

資料：五訂増補日本食品成分表（2005年版）による含有量

図表6-3 生野菜と漬物の食物繊維含有量の比較

図表6―3は、原料野菜と漬物に加工した場合の食物繊維の含有量を比較したものである。漬物では水分含量が減少するので、食物繊維は相対的に増加する。大根は生よりも、たくあん漬として食べた方が倍以上の食物繊維を摂ることができる。同様にキュウリ、高菜、白菜も漬物の方が同じ量を摂った場合、食物繊維を多く摂ることができる。このように漬物は生野菜で食べるよりもより多くの食物繊維を摂ることができる。

図表6―4は漬物の食物繊維含有量を水溶性、不溶性に分けて示している。漬物には不溶性食物繊維の量が多いことが特徴である。これらは大腸での糞便量を増大させ、通過時間を短縮させるように作用するといわれている。

図表6-4　漬物の食物繊維含有量

（単位：mg/100 g）

食品名	水溶性	不溶性	総量	食品名	水溶性	不溶性	総量
すぐき漬	0.9	4.3	5.2	なす塩漬	0.5	2.2	2.7
高菜漬	1.0	4.2	5.2	野沢菜漬	0.2	2.3	2.5
からし菜漬	1.0	4.0	5.0	ザーサイ	0.6	1.8	2.4
わさび漬	0.8	3.6	4.4	広島菜漬	0.8	1.6	2.4
福神漬	0.8	3.1	3.9	しろうり奈良漬	0.8	1.6	2.4
干したくあん漬	0.6	3.1	3.7	しょうが甘酢漬	0.2	1.8	2.0
かぶ塩漬（葉）	0.8	2.8	3.6	白菜漬	0.3	1.5	1.8
かぶ塩漬(根､皮つき)	0.8	2.8	3.6	らっきょう甘酢漬	1.4	1.7	3.1

資料：五訂増補日本食品成分表（2005年版）による含有量

(2) ビタミン

ビタミンは、エネルギー源や体をつくる成分ではないが、ヒトが健全に成長し、健康を維持するために必要な栄養素である。ビタミンは体内でほかの栄養素が正常に働くための潤滑油のような役割を果たしている。健康維持に必要なビタミン量は微量で効果があるが、ヒトの体内ではほとんど合成できないので、食べ物から摂ることが必要である。

漬物に関連の深い主なビタミンとしては、ビタミンA、ビタミンB_1、ビタミンB_2、ビタミンCなどをあげることができる。

① ビタミンA

ビタミンAは、皮膚やのど、鼻、消化管などの粘膜を正常に保ち、薄暗い場所に目が慣れる作用に関与する脂溶性のビタミンである。ビタミンAは、レチノールと体内でビタミンAに変換するプロビタミンA（αカロテン、βカロテン、クリプトキサンチン）の総称である。野菜にはβカロテンの形で含まれている場合が多いので、漬物のビタミンAをβカロテン当量で図表6—5に示した。高菜漬、からし菜漬、すぐき漬、広島菜漬、野沢菜漬などの菜漬は原料の生の葉にビタミンAが多量に含まれているので、加工してもビタミンAが豊富な漬物である。

② ビタミンB_1、ビタミンB_2

ビタミンB_1は、チアミンとも呼ばれる水溶性のビタミンである。糖代謝によりエネルギーを作り出すときに必要な補酵素の役割をもっており、疲労回復や脚気の予防に役立っている。ビタミンB_1の効果を高めるのが、ニンニクに含まれているアリシンであるが、アリシンについては後述する。

図表6-5 漬物のビタミン含有量

食品名	ビタミンA	ビタミンB1	ビタミンB2	ビタミンC
	μg	mg	mg	mg
梅干し	83	0.02	0.01	0
かぶ（葉）塩漬	1,200	0.07	0.19	44
かぶ（根・皮つき）塩漬	0	0.02	0.03	19
かぶ（根・皮つき）ぬか漬	0	0.25	0.04	28
からし菜漬	3,000	0.08	0.28	80
きゅうり塩漬	210	0.02	0.03	11
きゅうりぬか漬	210	0.26	0.05	22
しょうが甘酢漬	4	0.00	0.00	0
しろうり塩漬	74	0.03	0.03	10
しろうり奈良漬	16	0.02	0.11	0
すぐき漬	3,000	0.12	0.11	35
干し大根漬	0	0.21	0.03	12
塩押したくあん※	0	0.21	0.01	53
大根ぬか漬	0	0.33	0.04	15
高菜漬	3,600	0.07	0.14	30
なす塩漬	44	0.03	0.04	7
なすぬか漬	26	0.10	0.04	8
なすからし漬	76	0.06	0.04	87
野沢菜漬	1,600	0.05	0.11	27
白菜漬（塩漬）	14	0.04	0.03	27
白菜キムチ	210	0.05	0.14	24
広島菜漬※	2,100	0.02	0.07	15
らっきょう甘酢漬	0	0.01	0.01	0
わさび漬	170	0.08	0.17	1

資料：五訂増補日本食品成分表（2005年版）による100g中の含有量
※酸化防止用使用。ビタミンA:βカロテン当量で表記。

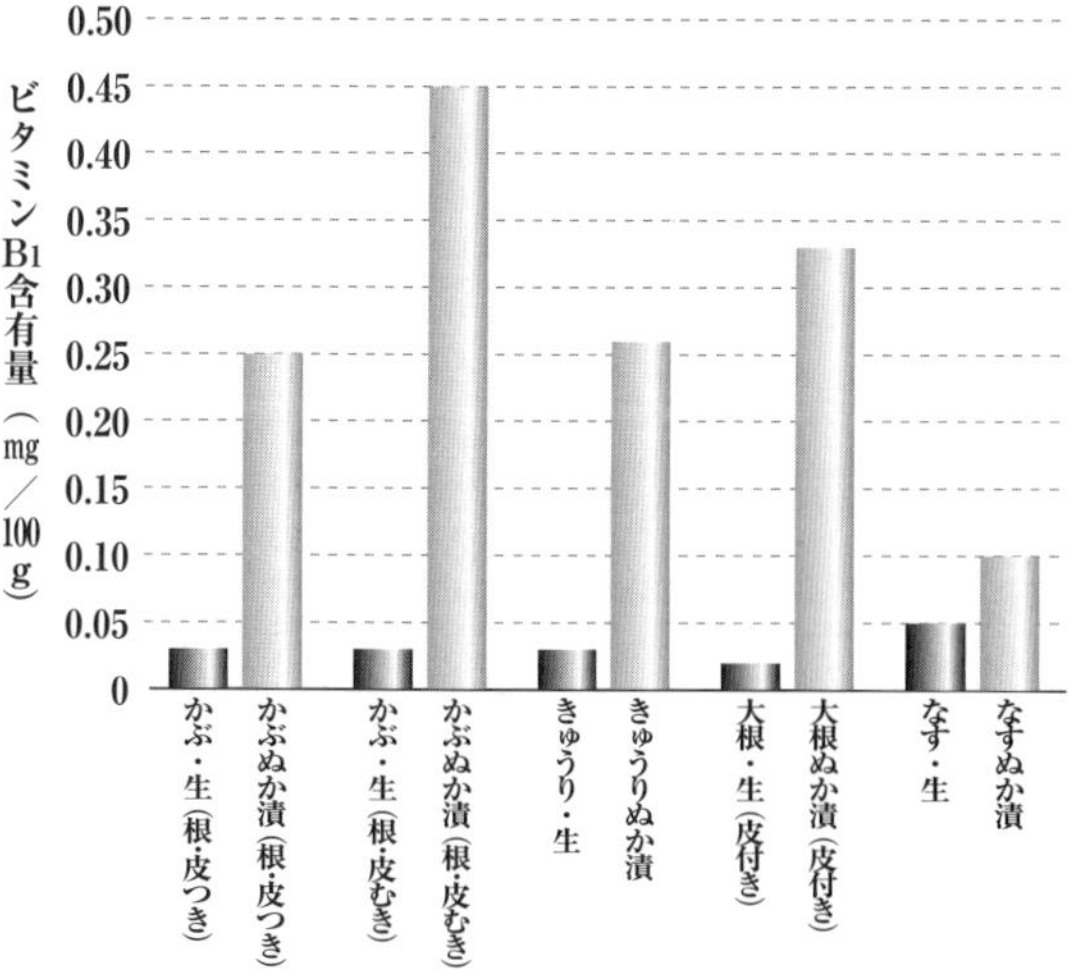

資料：五訂増補日本食品成分表（2005年版）

図表6-6 生野菜とぬかみそ漬のビタミンB1含有量の比較

ビタミンB_2は脂質の代謝を促進し、皮膚や毛髪の再生や、有害な過酸化脂質を分解する作用を有しており、リボフラビンともよばれる。

米ぬかにはビタミンB_1が多いことから、ぬかみそ漬にはビタミンB_1が多く含まれる。きゅうりのぬかみそ漬の場合、図表6―6で示すように、生のものよりぬか床に漬けた方が10倍近くまで増えていることがわかる。ナスやカブの場合も生よりも数倍以上ビタミンB_1が含まれている。

ぬかみそ漬のビタミンB_1、B_2、ミネラルの含有量を図表6―7に示した。いずれもビタミンB_1の含有量が増加しており、ビタミンB_2もわずかながら増えている。また、カリウムも増えている。ぬか床の食塩濃度や温度、漬込み時間によって含有量は変動するが、野菜をぬか床に漬けるとビタミンあるいはカリウムが増えることからも、ぬかみ

図表6-7 生野菜とぬかみそ漬のビタミンおよびミネラル含有量の比較

（単位：mg）

食品名		ビタミンB1	ビタミンB2	ビタミンC	Na	K	Ca
かぶ	（根・皮つき）生	0.03	0.03	19	5	280	24
	（根・皮つき）ぬか漬	0.25	0.04	28	860	500	57
かぶ	（根・皮むき）生	0.03	0.03	18	5	250	24
	（根・皮むき）ぬか漬	0.45	0.05	20	2,700	740	26
きゅうり	生	0.03	0.03	14	1	200	26
	ぬか漬	0.26	0.05	22	2,100	610	22
大根	（皮付き）生	0.02	0.01	12	19	230	24
	（皮付き）ぬか漬	0.33	0.04	15	1,500	480	44
なす	生	0.05	0.05	4	Tr	220	16
	ぬか漬	0.10	0.04	8	990	430	21

資料：五訂増補日本食品成分表（2005年版）による100g中の含有量

そ漬はビタミンやミネラルなどを供給する優れた食品であることがわかる。

江戸時代、都会で白米食が普及するようになると、精米によりビタミンB_1を多く含む米ぬかや胚芽が取り除かれ、ビタミンB_1の欠乏による脚気が広まった。この脚気のことを当時、「都患い」とよんだ。日清、日露の戦争では、軍医だった森鷗外らの意見によって白米食を主にした陸軍では、脚気による死者の数が戦死者を上回り、一方、海軍では医務局長の高木兼寛が麦やパン中心の軍隊食を進めたことにより、脚気を防ぐことができたという有名な話がある。

③ビタミンC

ビタミンCは、コラーゲンの合成や鉄分の吸収を高める作用を有する水溶性ビタミンである。また、抗ストレス作用や副腎皮質ホルモンの合成を促進することが知られている。ビタミンCが不足すると、歯茎や皮下から出血する壊血病になる。バスコダ・ガマやコロンブスが活躍した15~17世紀の大航海時代に、多くの船員が長期間にわたる航海で野菜不足による壊血病で死亡したが、ビタミンCが含まれているザワークラウト（キャベツの発酵漬物）を食べていた船員は壊血病にかからなかったという話がある。なお、食品添加物としてのビタミンCは色調の安定や酸化防止の目的で漬物をはじめ、多くの食品に利用されている。

漬物に含まれるビタミンC含有量は図表6—5に示した通りで、なすからし漬、からし菜漬、かぶ（菜）塩漬、すぐき漬、高菜漬などに多く含まれている。

(3) ミネラル

栄養素として欠かせないミネラル（無機質）は、16種類（ナトリウム、マグネシウム、リン、イオウ、塩素、カリウム、カルシウム、クロム、マンガン、鉄、コバルト、銅、亜鉛、セレン、モリブデン、ヨウ素）ある。ビタミンと同じように、食物から摂る必要がある。ミネラルは、健康を維持するうえで重要な役割を果たしている。

① カリウム(K)

カリウムは、ナトリウムの排出を促し、血圧上昇を抑制する働きがある。ヒトの体の細胞内にはカリウムが多く存在し、血液や体液のような細胞外液にはナトリウムが多く存在して、両者は常に一定のバランスを保っている。しかし、カリウムが不足してバランスが崩れると、細胞内から水分が血液中に移動し、血液などの細胞外液量が増加する。血液中の水分が増加するので、血圧が上昇することになる。これが高血圧の原因の一つとされている。

野菜や漬物には、カリウムが豊富に含まれている。野菜を多く摂取しカリウムを体内に取り込むことは、余分なナトリウムを尿中に排出することになる。漬物は塩を含んでいるのでナトリウムが多く含まれているが、同時にカリウムも多く含まれる。海藻も多くのカリウムを含んでいることから、漬物に海藻を利用することはカリウムを多く摂取する方法の一つと考えられる。図表6―8に漬物のカリウム含有量を示した。

② カルシウム(Ca)

日本人に不足しているミネラルの代表がカルシウムである。カルシウムは、骨や歯を形成するだ

図表6-8　漬物のカリウム（K）含有量

単位：mg／100 g

食品名	mg	食品名	mg	食品名	mg
ザーサイ	680	ナスのぬか漬	430	わさび漬	140
キュウリのぬか漬	610	キムチ	340	奈良漬	100
カブのぬか漬（葉）	540	なめたけ	320	福神漬	100
からし菜漬	530	カブの塩漬	310	ナスのからし漬	72
カブのぬか漬（根）	500	野沢菜	300	しば漬	50
たくあん漬	500	ナスの塩漬	260	オリーブのピクルス	47
大根ぬか漬	480	白菜漬	230	らっきょう甘酢漬	38
きょう菜の塩漬	450	ウリの塩漬	220	しょうがの甘酢漬（ガリ）	27
高菜漬	450	キュウリの塩漬	220	しょうがの酢漬（紅しょうが）	21
梅干し	440	べったら漬	180	キュウリのピクルス	18

資料：日本食品標準成分表2010

図表6-9　漬物のカルシウム（Ca）含有量

単位：mg／100 g

食品名	mg	食品名	mg	食品名	mg
カブのぬか漬（葉）	280	梅干し	65	ウリの塩漬	26
きょう菜の塩漬	200	カブのぬか漬（根）	57	キュウリの塩漬	26
からし菜漬	150	カブの塩漬	48	ピクルス	25
高菜漬	150	キムチ	48	キュウリぬか漬	22
ザーサイ	140	白菜漬	47	ナスのぬか漬	21
野沢菜	130	大根ぬか漬	44	べったら漬	20
オリーブのピクルス	79	わさび漬	40	ナスの塩漬	18
たくあん漬	76	ガリ	36	奈良漬	18
ナスのからし漬	71	福神漬	36	らっきょう漬	15
紅しょうが	67	しば漬	30	なめたけ	10

資料：日本食品標準成分表2010

図表6-10 野菜の加工法による鉄含有量の比較

単位：mg／100 g

食品名	生	ゆでる	塩漬
大根（葉）	3.1	2.2	—
コマツナ	2.8	2.1	—
ホウレンソウ	2.0	0.9	—
カラシナ	2.2	—	1.8
カブ（葉）	2.1	1.5	2.6
キョウナ	2.1	2.0	1.3
高菜	1.7	—	2.1
白菜	0.3	0.3	0.4

資料：五訂増補日本食品成分表（2005年版）

けでなく、たん白質代謝、ホルモン分泌、血液凝固、神経や筋肉の興奮の調節などを行うことが知られている。成長期にカルシウムが不足すると成長が抑制され、中高年では骨粗鬆症の原因になる。図表6—9に漬物のカルシウム含有量を示した。

③ その他のミネラル

ミネラル16種類のうち厚労省が摂取基準を決めているのは、イオウ・塩素・コバルトを除く13種類である。このなかで、日本人に不足しているものの一つが鉄である。鉄は、赤血球のヘモグロビンの構成成分として酸素の運搬を行うなどの重要な働きをしている。鉄分の不足は、酸欠状態による息切れやめまいなどの貧血症状を呈する。

図表6—10に示したように、鉄分は大根（葉）、コマツナ（菜）など葉物野菜に多く含まれている。ゆでることで若干減少するが、かぶ（菜）、高菜、

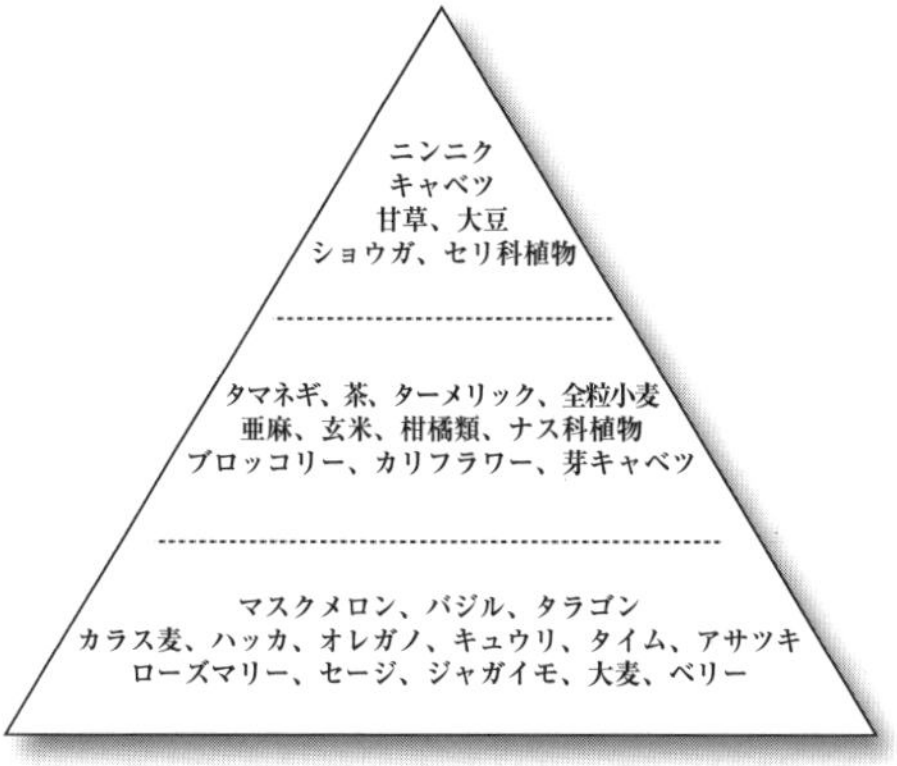

図表6-11 がん予防効果のある野菜

白菜の塩漬では、生と同程度の含有量が保たれており、漬物は鉄分の供給源としても期待できる。

2 機能性成分

野菜や漬物に含まれる機能性成分としてよく知られているのがポリフェノールである。ポリフェノールは野菜の色素や渋み成分に含まれているもので、ナスや赤カブなどのアントシアン系色素などが代表的なものである。抗菌作用、抗酸化作用、老化防止作用、発がん抑制作用、抗アレルギー作用を有することが報告されている。

図表6―11は、アメリカのがん研究所が、がんに対する予防効果の高い野菜をピラミッドに表したもので、上部に位置する野菜ほど予防効果が高いことを表している。頂点に位置するのはニンニ

クで、その次にキャベツ、甘草、大豆、ショウガ、セリ科の植物といった野菜が上位になっている。

ニンニクには、アリインという成分が含まれており、ニンニクを切ったりすり下ろしたりすると酵素のアリイナーゼによってアリシンに変換される。アリシン単独では、増血作用、便秘解消、鎮痛作用を示し、アリシンに脂質が共存すると、風邪の予防、高血圧、胃潰瘍《かいよう》、動脈硬化の改善などに効果がある。また、アリシンに糖質、脂質、たん白質が複合的に共存すると疲労回復、整腸作用を示す。このように、アリシンの状態によってさまざまな機能が発揮される。なお、アリシンにビタミンB_1が結合するとビタミンB_1がより効率的に利用されるようになる。豚肉は、牛肉や鶏肉に比べて多くのビタミンB_1が含まれている。豚キムチのような料理では、ビタミンB_1が効率的に利用できることになる。ニンニクにはスコルジニンが含まれている。スコルジニンは、疲労回復、冷え性の改善や食欲不振の改善、悪玉コレステロールを抑制し、肥満防止に効果があることが報告されている。

ショウガは中国では古くから漢方薬として利用されており、体を温め、セキを鎮める効果がある。また、解熱、消化器系の機能促進にも有効である。

唐辛子はキムチに多用される香辛料であるが、よく知られる機能性成分としてカプサイシンがある。カプサイシンは副腎皮質ホルモンを刺激しアドレナリンの分泌を促進するため、代謝活動が活発になり、発汗や消化作用が促進される。唐辛子には、赤い色素のカロテンも多く含んでおり、ビタミンAのもとになっている。また、ビタミンCも多く含まれている。

梅干しに豊富に含まれているクエン酸は、体内のTCAサイクルを活性化させることによって疲労回復が促進される。胃がんの原因といわれるものの一つにヘリコバクター・ピロリがある。梅干しはこのピロリ菌を抑制することや、糖尿病を抑制する機能があることが報告されている。このように、漬物はいろいろな機能成分を含む食品である。

厚労省の「健康日本21」では、野菜摂取量を現在の242gから350gに増加させる取組みを行っている。具体的には、一皿70gを目安として1日5皿食べることを目標に掲げている。野菜の種類も豊富で食物繊維も多い漬物をもっと食生活に取り入れることが望まれる。

3　乳酸菌と漬物

(1) プロバイオティクス

プロバイオティクス（probiotics）は、普段の生活のなかで体に良い細菌を積極的に増やして健康な体を維持する考えから生まれた概念で、平成元（1989）年、英国の微生物学者フラー（Fuller）が提唱した「腸内フローラ（腸内細菌叢《そう》）のバランスを改善することにより、ヒトに有益な作用をもたらす生きた微生物」という定義が広く受け入れられている。

腸内フローラとは、消化管内に生息している微生物菌叢のことをいい、ヒトでは約100種類、100兆個の腸内細菌叢により構成されている。乳酸菌やビフィズス菌などの有用微生物をプロバ

図表6-12 プロバイオティクスとして利用されている微生物と主な機能

微生物名	主な機能	食品
Lactobacillus delbrueckii subsp.bulgaricus	整腸作用や腸内の有害物質の生成を抑制	乳製品、すんき（発酵漬物）
L.acidophilus	整腸作用	乳製品
L.gasseri	ピロリ菌を抑制、小腸に滞留	乳製品
L.casei	便秘・下痢解消、免疫力向上、発がん性物質の生成抑制	乳製品
L.plantarum	整腸作用	ぬかみそ漬、すぐき漬、しば漬、キムチ、サワークラウト
L.brevis	整腸作用、免疫賦活作用	すぐき漬、しば漬、キムチ、サワークラウト
L.reuteri	抗菌物質ロイテリン生成、多機能	乳製品
L.rhamnosus	整腸作用、発がん性物質の生成抑制	乳製品
Enterococcus faecalis	C型肝炎治療、抗がん作用、抗がん剤の副作用軽減	乳製品
Pediococcus pentosaceus	抗アレルギー効果	すんき（発酵漬物）
Bifidobacterium longum	抗アレルギー効果	乳製品
B.animals subspecies *lacti*	整腸作用、アトピー性皮膚炎軽減	乳製品
B.bifidum	整腸作用、便秘解消	乳製品
B.infantis	整腸作用、便秘解消	乳製品
Bacillus natto	整腸作用、便秘解消	納豆
Clostridium butyricum	整腸作用、乳酸菌増殖促進	

図表6-13 植物性乳酸菌と動物性乳酸菌の特性

項目	植物性乳酸菌	動物性乳酸菌
発酵原料	植物性原料（野菜、穀類、豆類など）	動物性原料（牛乳など）
利用糖	ブドウ糖、果糖、ショ糖、麦芽糖など	主に乳糖
塩分抵抗性	強い	弱い
酸抵抗性	強い	弱い
生育温度	低温でも可能	低温に弱い
腸内生残率	高い	低い
発酵食品	漬物、みそ、しょう油など	ヨーグルト、チーズ、乳酸菌飲料

イオティクスとして摂取することにより、腸内フローラのバランスが改善されるとともに有害微生物が抑制され、健康を維持するうえで良好な腸内環境がもたらされる。乳酸菌などの有用微生物に加えてそれらを含む食品（発酵野菜や発酵乳）もプロバイオティクスと呼ぶ場合がある。

乳酸菌には、便秘を抑え便通を良くする、腸内の有用微生物（いわゆる善玉菌）を増やし有害微生物（いわゆる悪玉菌）を減少させる、腸内環境を改善する、などの整腸作用や腸内の感染予防、免疫力を高める作用などがある。乳酸菌に代表されるプロバイオティクスは、腸の健康を維持するとともに、免疫力など体全体の健康維持を図るうえで有用な役割を果たすものと考えられている。図表6―12にプロバイオティクスとして利用されている微生物を示した。多くは発酵乳などの乳製品に関連の深い*Lactobacillus*属菌（ラクトバチルス）や*Bifidobacterium*属菌（ビフィズス菌）である。しかし、漬物に多く含まれる*Lactobacillus plantarum*（ラクトバチルス・プランタルム）や*Lactobacillus brevis*（ラクトバチルス・ブレビス）など植物性乳酸菌や納豆の製造に欠かせない*Bacillus natto*（バチルス・ナットー）や酪酸菌なども整腸作用や便通改善作用をもつことから、プロバイオティクスと考えられている。

乳酸菌はヒトの消化管内にも腸内フローラとして多数存在する。古くからすぐき漬、ザワークラウト、ヨーグルトなど発酵食品を食べ続けてきた食経験から、乳酸菌は一般に安全な細菌として認識されている。

(2) 植物性乳酸菌

植物性乳酸菌は、主に漬物、みそ、しょう油など植物由来の発酵食品を製造する際に関与する乳酸菌である。植物性乳酸菌という言葉は学術用語ではないが、乳酸菌の棲息環境や特性を表現する用語としてはわかりやすい言葉である。植物性乳酸菌に対置する言葉は動物性乳酸菌で、牛乳などの動物性原料を発酵する際に関与する乳酸菌である。動物性乳酸菌は約20種類のものが存在しているといわれているが、植物性乳酸菌はそれよりもはるかに多く、その10倍以上の種類が存在しているといわれている。

植物性乳酸菌と動物性乳酸菌の特徴をまとめたものが図表6―13である。動物性乳酸菌が牛乳などに含まれている乳糖を発酵し、乳酸を生成するのに対し、植物性乳酸菌は野菜、穀類、豆類などの植物性原料に含まれているブドウ糖、果糖、ショ糖、麦芽糖などさまざまな糖類を発酵し、乳酸や酢酸などを生成する。また、植物性乳酸菌は、動物性乳酸菌と比べ栄養成分が少ない環境に多く存在することからもわかるように、高塩分、低pHなどの苛酷な環境下でも生育することが可能である。ぬかみそ漬、高菜漬、すぐき漬、しば漬、赤かぶ漬、すんき、キムチなどの発酵漬物には、酸に強く胃を通過して腸まで届く、いわゆる植物性乳酸菌を豊富に含んでいることからプロバイオティクス食品の一つといえる。

七、漬物工場の衛生管理

内閣府が行った「食育に対する意識調査（2013年）」によると、食生活への関心事項の第1位は「食品の安全性に関すること」で、第2位が「生活習慣病の予防や健康づくりのための食生活」であった。食中毒は、食品が原因で腹痛や下痢、嘔吐、発熱などの症状が起きることで死にいたることもある。原因のほとんどはヒトの体に有害な細菌やウイルスによることが多いが、毒キノコやフグなどの自然毒による場合もある。平成26（2014）年度に起きた食中毒を病因物質別に図表7―1に示した。食中毒の総数は976件、そのうち440件が細菌によるものであった。

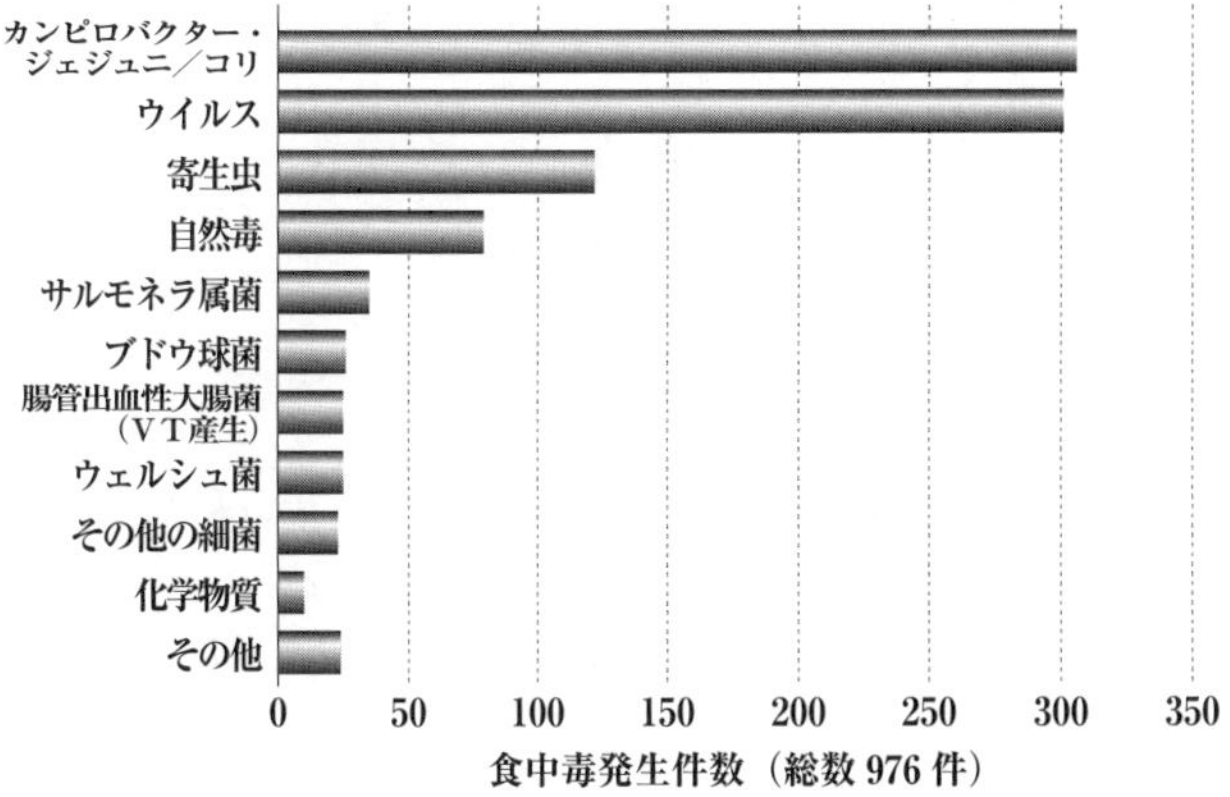

図表7-1 平成26年食中毒発生件数

資料：厚生労働省「食中毒統計」（平成26年）

1　漬物を原因とする食中毒

(1) 食中毒の発生件数

漬物を原因とする食中毒事件のうち、昭和53（1978）年から平成25（2013）年までの患者数を図表7—2に示した。年ごとに患者数の増減がみられるが、漬物を原因とした患者数300人以上の大規模集団食中毒の発生が過去に3回起きていることがわかる。

図表7—3は食中毒の月別発生件数をみたもので、7~9月の気温の高い夏季に集中しており、夏季における食中毒菌対策がきわめて重要であることがわかる。図表7—4は、食中毒の原因と発生件数をまとめたものである。腸炎ビブリオによる食中毒というと、鮮魚貝類の生食を原因とする場合がよく知られているが、調理場で調理器具などを介して漬物類が二次汚染することも多い。好塩菌である腸炎ビブリオは、漬物類のなかできわめて迅速に増殖することが実験的にも証明されている。平成13（2001）年、食品衛生法が一部改正されて腸炎ビブリオの規格基準が設定され、10℃以下の低温管理や二次汚染防止などの食中毒対策が徹底されるようになってからは、腸炎ビブリオ食中毒の発生件数、患者数は激減している。

(2) 過去の食中毒事例

平成24（2012）年8月、北海道の高齢者施設やホテルなどで白菜浅漬を原因とする腸管出血性大腸菌O-157による集団食中毒事件が発生した。下痢や腹痛を訴えた患者は169名に達し、幼児や高齢者を中心に8人が溶血性尿毒症症候群

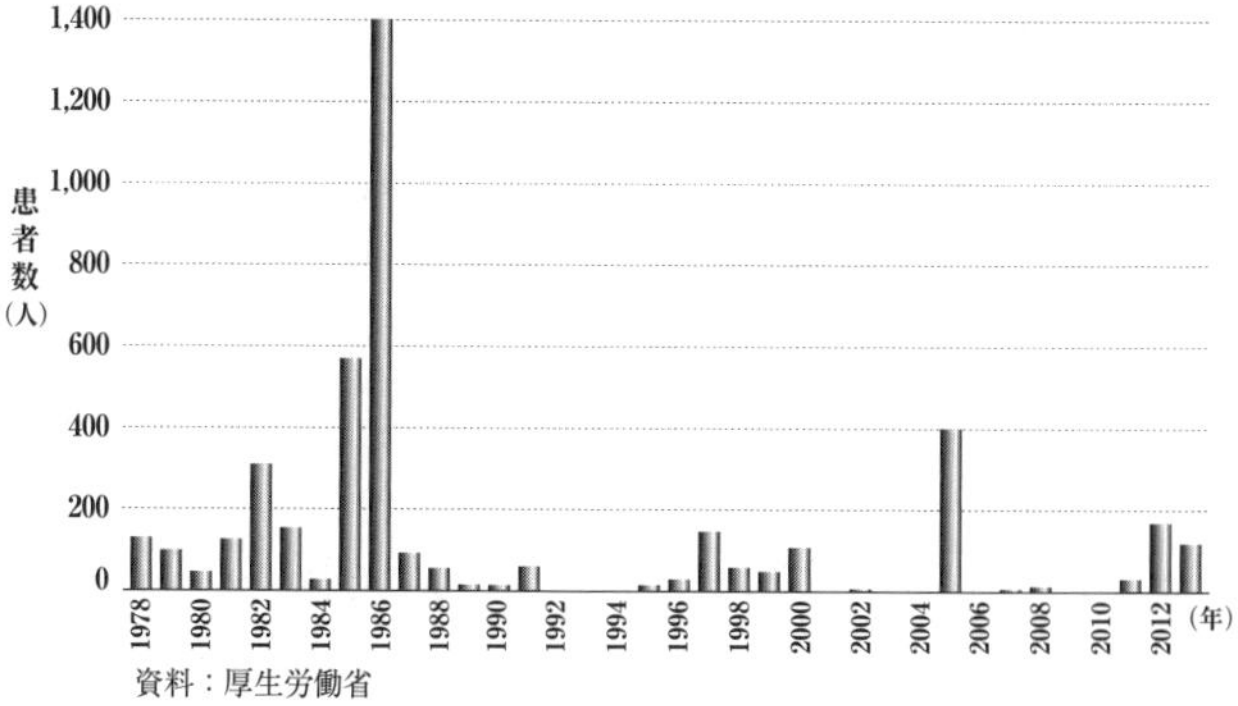

図表7-2 漬物を原因とする食中毒患者数

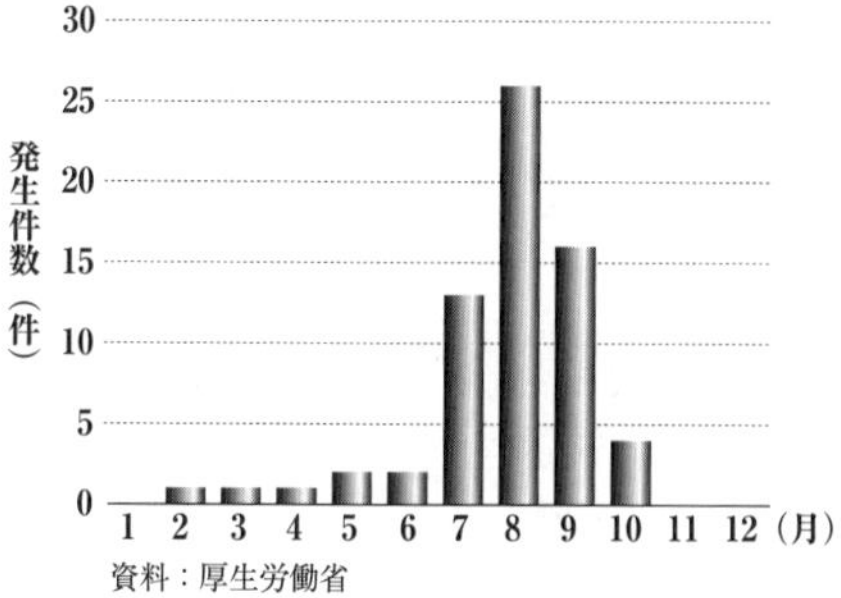

図表7-3 漬物を原因とする食中毒の月別発生件数（1987～2006年）

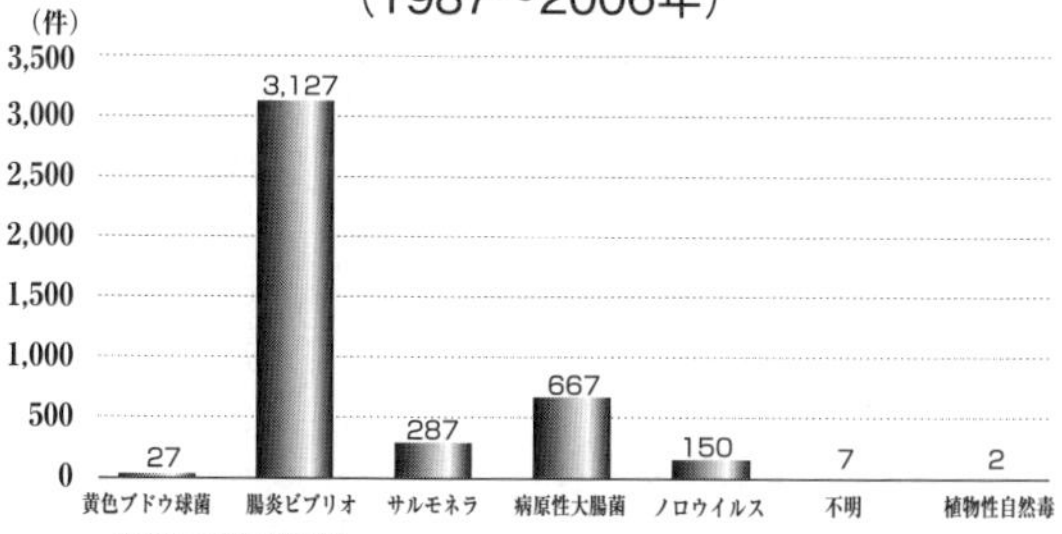

図表7-4 漬物を原因とする食中毒の原因と発生件数（1987～2013年）

（ＨＵＳ）などを発症して死亡した。発生原因として、原料野菜や使用水における大腸菌汚染、従業員からの汚染、原料野菜の洗浄殺菌不足や機器・施設からの汚染を含めた製造工程における衛生管理の不徹底などが推測されている。漬物が原因食品として特定された食中毒の主な発生状況を図表7―5にまとめた。この多くは浅漬や和風キムチが原因であった。

この食中毒事件以外にも平成12（２０００）年には埼玉県でかぶ浅漬、13年には関東で「和風キムチ」、14年には福岡県できゅうり浅漬を原因とする腸管出血性大腸菌Ｏ-１５７による食中毒事件が発生している。平成26年の「冷やしきゅうり」の事件では、野外（自家用車の中）で皮を剥いたきゅうりを浅漬けの素に2時間程度漬込み販売したと浜松市の報告書にある。漬物の衛生規範の対象に

図表7-5 漬物が原因食品として特定された食中毒発生状況（概要）（1959～2014年）

発生年	原因食品	発生場所／原因施設	患者数（死者数）	原因物質
1959	唐人菜一夜漬	長崎市／小学校	―	赤痢菌
1970	きゅうり一夜漬	浦和市／寄宿舎	58	腸炎ビブリオ
1972	きゅうり一夜漬	東京都／集団給食（病院）	263	サルモネラ
1976	きゅうり、なす漬物	神戸市／集団給食	11	サルモネラ
1978	きゅうり塩漬	西宮市他／仕出屋	198	腸炎ビブリオ
1979	即席漬（きゅうり、キャベツ、ニンジン）	米沢市／集団給食	21	黄色ブドウ球菌
1982	白菜漬	米子市・境港市／弁当屋	303	腸炎ビブリオ
1985	白菜、きゅうり一夜漬	愛知県稲沢市／飲食店	297	腸炎ビブリオ
1986	仕出し弁当(きゅうり南蛮漬)	相模原市／仕出屋	1328	腸炎ビブリオ、ビブリオ・フルビアリス
2000	かぶ浅漬	埼玉県／給食施設	7（3）	腸管出血性大腸菌O157：H7
2001	和風キムチ（浅漬）	埼玉県他／給食施設他	29	腸管出血性大腸菌O157：H7
2002	山菜一夜漬（シュロソウ）	長野県／事業場	2	自然毒(植物性自然毒)
2002	きゅうり浅漬	福岡県／保育所	112	腸管出血性大腸菌O157：H7
2005	白菜キムチ漬(浅漬)	千葉市	401	病原大腸菌
2007	漬物	福井県／飲食店	7	病原大腸菌
2008	漬物	新潟県／家庭	14	ノロウイルス
2011	白菜漬	東京都／飲食店	17	ノロウイルス
2011	なすと大葉もみ漬	栃木県／給食施設	15	腸管出血性大腸菌（VT産生）
2012	白菜のきり漬（浅漬）	北海道他／製造所	169（8）	腸管出血性大腸菌（VT産生）
2014	冷やしきゅうり（参考）	静岡県(花火大会会場)	509	腸管出血性大腸菌（VT産生）

資料：藤原喜久雄編「漬物の衛生」中央法規出版（1982年）、伊藤武「漬物による腸管出血性大腸菌O157食中毒と課題について」東京都顕微鏡院HP(2012.11.2)、厚生労働省「全国食中毒事件録」、厚生労働省薬事・食品衛生審議会食品衛生分科会食中毒・食品規格合同部会配布資料（平成24年10月1日）

は該当しないが、参考までに掲載した。

加熱殺菌を行った漬物や酢漬、発酵漬物など、pH４・０以下酸性の漬物では食中毒菌が死滅するので問題はないが、浅漬や和風キムチのように非加熱でpHがあまり低くない漬物が食中毒菌に汚染された場合は、生存する可能性があるので野菜は汚染されているものと考えて洗浄殺菌を適切に行うことが必要である。

２　漬物に関係する食中毒菌等

漬物に関係する食中毒菌としては、腸炎ビブリオ菌、サルモネラ菌、黄色ブドウ球菌、腸管出血性大腸菌が主となるが、今後、注意すべき食中毒菌としてリステリア菌、ボツリヌス菌とノロウイルスをあげることができる。これらの特性についてそれぞれの概要を述べる。

(1)　腸炎ビブリオ菌

【特徴】好塩性（2～5％の食塩存在下でよく増殖）。増殖が非常に早い。刺身・すし類など鮮魚貝類の生食による発症が多い。生鮮魚介類を調理した器具や手指から、ほかの食材への二次汚染による食中毒発生も多い。煮沸ではほとんど瞬時に死滅する。

【症状】潜伏期は、通常6～32時間（8～15時間が多い）。上腹部の激しい痛み、下痢、発熱など。

【対策】魚介類は調理前に真水でよく洗う。魚介類の調理に使用した器具は、よく水洗いする。生食にする食材を同時に調理する場合は、使う器具を分ける。魚介類はわずかな時間でも可能なかぎり4℃以下で保存する。昭和61（１９８６）

年9月には相模原市を中心に、仕出し弁当に入っていた「きゅうりの南蛮漬け」を原因として、患者数1328名の大規模食中毒が発生した。病因物質は、「腸炎ビブリオ」と「ビブリオ・フルビアリス」の混合汚染であることが判明している（図表7−5）。

(2) サルモネラ属菌

【特徴】哺乳動物や鳥類では、しばしば腸管内に保菌されているため、食肉、内臓、卵などが汚染源として重視される。すべてに病原性があるわけではない。

【症状】潜伏期は、通常6～48時間（平均15時間）。悪心、おう吐、腹痛、下痢、発熱など。通常は4～5日で回復するが、3カ月経過後も慢性保菌者として排菌が認められることがある。

【対策】食肉、卵などはよく加熱する。10℃以下の低温管理。

(3) 黄色ブドウ球菌

【特徴】エンテロトキシンとよばれる耐熱性毒素を産生する。35～37℃が至適生育温度だが、6・6～46℃の温度範囲で生育が可能である。エンテロトキシンの産生域は10～46℃といわれている。耐塩性があり、7・5％の食塩濃度でも増殖が可能。毒素を完全に破壊するには200℃以上の処理が必要とされる。ヒトの皮膚に常在する。化膿巣から食材への二次感染が原因となりやすい。

【症状】潜伏期は、通常1～6時間。おう吐、腹痛、下痢。1～2日で回復する。

【対策】傷のある手指で調理をしない。十分な手洗い、消毒を行う。清潔な手袋、帽子、マスクを着用する。食材の加熱を十分に行う。10℃以下の低温管理。

(4) 腸管出血性大腸菌

【特徴】「ベロ（Vero）毒素」と呼ばれる毒素を産生する。各種の血清型があるが、血清型O-157：H7はもっとも重要な血清型である。10～100個の菌数でも感染する。75℃1分以上の加熱で死滅する。

【症状】潜伏期は2～9日間（平均5日間）と長い。血便、腹痛、下痢を特徴とする出血性大腸炎を起こす。さらに、「溶血性尿毒症症候群（HUS)」や脳症を併発し、腎臓や脳に障害を与え、短時間で死にいたる場合がある。

【対策】食品は中心温度が75℃以上になるようによく加熱する。調理後は早めに食べる。生肉を扱った調理器具などからの二次汚染を防ぐ。10℃以下の低温管理。

(5) リステリア菌

【特徴】家畜や家禽、野生動物、河川水、土壌、植物など広く自然界に分布しているが、そのすべてに、ヒトに対する起病性があるかはわかっていない。4℃以下の低温でも増殖する。6％以上の食塩濃度にも耐性があり、発育可能なpH域が広い。65℃数分の加熱で死滅する。

【症状】潜伏期は24時間～数週間と幅広い。倦怠感、発熱をともなうインフルエンザ様症状。乳幼児、妊婦、高齢者などのハイリスク・グループでは感染しやすい。重症化すると敗血症、髄膜炎などを引き起こす。欧米では加工された冷蔵食品を原因とする集団リステリア症が多数報告されている。

【対策】長期間冷蔵保存した食品（畜産物など）は、食べる前に加熱を十分に行う。冷蔵庫を過信しない。

(6) ボツリヌス菌

【特徴】ボツリヌス菌は土壌や海、湖、川などの泥砂中に分布している嫌気性の芽胞形成菌で、120℃で4分以上あるいは100℃で6時間以上の加熱をしないと耐熱性芽胞は完全には死滅しない。死亡率が高い。ボツリヌス菌は、3・3℃以上、pH4・6以上で酸素がなく、水分や栄養分がある状態で猛毒のボツリヌス毒素（神経毒）を産生する。缶詰、ビン詰など、酸素がない状態の保存食品で事故が発生しやすい。北海道や東北地方の特産である「いずし」や真空包装されたからしれんこんによる食中毒が報告されている。

【症状】潜伏時間は8～36時間で、吐き気、おう吐や視力障害、言語障害、えん下困難などの神経症状が現れる。重症になると呼吸マヒにより死亡する。缶詰・びん詰などは120℃で40分～1時間殺菌する。

【対策】真空パックや缶詰が膨張し、食品に異臭（酪酸臭）があるときは食べない。毒素は熱に弱いので、摂食前の80℃で20分または100℃で1～2分の加熱処理による毒素の不活化も食中毒防止上有効である。

(7) ノロウイルス

【特徴】ノロウイルスは人の小腸粘膜で増殖するウイルスの総称である。少量（100個以下）でも発症する感染力の強いウイルスで、保育園や高齢者施設などでは集団発生を起こしやすい。

【症状】潜伏期は2~70時間（平均36時間）。症状は吐気・おう吐や下痢、腹痛など発熱は軽度で、多くは1~2日で改善する。下痢やおう吐が続いた場合は、乳幼児や高齢者では脱水症状を起こす場合がある。感染経路は以下のように考えられている。

① **カキの生食**

② **人から人への感染**

ノロウイルス感染者の吐物・便の中にノロウイルスが含まれている。ウイルスが手などについて口から感染する場合や吐物の飛沫から感染する場合がある。

③ **人から食品、食品から人への感染**

現在のノロウイルス食中毒は、食品取扱者からの食品の二次汚染を原因とする事例が多くを占めている。原因食品としては、施設提供料理、会席料理、仕出し弁当、宴会料理など、具体的な食品の種類が特定されないケースが多い。これは、少量のウイルスにより感染が成立する、食品中ではウイルスは増殖せず、食品のウイルス汚染量が少ないことなどから、ウイルス検出が困難であるためと考えられている。原因食品が特定された事例では、刺身、寿司、サラダ、餅、菓子（おはぎ、ケーキなど）、パンなどがある。漬物を原因食品とする食中毒も報告されている（図表7―4）。

【対策】予防方法は手洗いである。トイレを使用した後、製造室に入室前には必ず手を洗う。石けんと流水で30秒以上かけてよく手を洗い、タオルの共用はさけ、ペーパータオルなどを使用する。必要に応じて手袋を使用する。

ノロウイルス予防対策にかぎらず、食品取扱従事者は下痢や胃腸炎症状のあるときには、直接食品に触れる作業には従事しないことが鉄則である。

3 HACCP方式による衛生管理

食中毒の予防対策として、工場全体のHACCP（危害分析・重要管理点）方式による高度な衛生管理システムの導入が要求される。HACCP方式は食品の安全性を確保するために、もっとも効果的で効率的な方法といわれている。危害（Hazard）は、生物的危害（微生物による汚染など）、化学的危害（残留農薬や殺菌剤など）、物理的危害（異物の混入など）の3種類に大別される。

HACCP方式では、食品の原料の受け入れから、最終製品の出荷までの各段階で、微生物による汚染や異物混入などの危害要因を予測し、危害分析（Hazard Analysis=HA）を行う。危害の防止につながるとくに重要な工程（Critical Control Point=CCP）を決定し、それを連続的・継続的にモニタリング（監視）する管理方法である。管理基準（Critical Point）を設定し、逸脱したときには是正し、記録することにより、製品の安全性を確保する衛生管理手法である。

衛生管理のポイントを明確にし、記録を残すことで、経験とカンに頼らない、安定した安全な製品の製造が可能になる、製造工程ごとに確認すべきレベル（管理基準）が明確になるなどのメリットがあげられている。HACCPシステムを支えているのは、一般的衛生管理事項と、いわゆる「5S活動」である。

(1) 一般的衛生管理事項

一般的衛生管理事項とは、施設・設備の衛生管理、機械器具の保守点検、排水処理、従業員の衛生教育、原材料の受け入れや製品の回収などの食品製造に関わる管理事項が対象となる。食品工場における設備・機械などのハード面と作業手順書や従業員の教育訓練などのソフト面の両方を含む。HACCPシステムを効果的に機能させるための前提条件として重要となる。

5S活動は、「整理」、「整頓」、「清掃」、「清潔」、「習慣あるいは躾《しつけ》」のそれぞれの頭文字が「S」から始まることから名づけられたものである。5S活動は、従来から製造現場で実施されており、なじみのあるものである。一般的衛生管理事項と5S活動は、安全な食品製造を実施するための土台となる部分であり、時代の流れのなかで避けて通ることができないものである。

(2) HACCPの歴史と現状

HACCP方式は1960年代、米国のNASA（アメリカ航空宇宙局）が安全な宇宙食を製造する目的から、ピルス・ビリー社と共同で考案した衛生管理システムが出発点であった。平成10（1998）年にはFAO／WHO合同の国際食品規格委員会（コーデックス委員会）が、「HACCPの適用に関するガイドライン」を示した。これが現在、国際標準とされている方法である。

わが国では、加工食品の安全性確保のため、食品工場ではHACCP方式を取り入れた自主衛生管理が強化されている。厚労省による「総合衛生管理製造過程」の承認制度が平成8（1996）年に発足した。

(3) HACCPシステムの特徴

従来、最終製品のサンプリング検査を行い、異常があれば廃棄するというものであった。したがって、すべての製品をチェックすることは不可能であり、異常な製品を見逃す可能性も起きてしまう。また、検査結果が出るのに時間のかかることも問題であった。

HACCPシステムでは、製造工程一覧図（フローチャート）を作成し、重要管理点を決定し、これを連続的に監視・記録を残すことによって個々の製品の安全性を確保・保証する衛生管理方法である。最終製品の検査により食品の安全性を確保していく方法に比べて、より効果的に安全性に問題のある製品の出荷を防止できる。

(4) 漬物業界へのHACCPシステム導入

中小企業の多い漬物製造業において、衛生管理プログラムの整備は遅れている分野である。ハード対策を実施するには多くの経費を必要とする。また、ソフト対策においても衛生管理や洗浄、殺菌などの微生物制御に関する知識を有する者が不足していることも、漬物製造業へのHACCPシステムの導入を困難にしている要因になっている。

(5) HACCP支援事業

現在、厚労省ではHACCPシステム導入のための支援事業を行っている。ホームページ（HACCP）には、普及の取組みや手引書が記載されている。また、HACCP支援法（食品の製造過程の管理の高度化に関する臨時措置法、2023年まで期間が延長）に関しては農林水産省ホームページに記載されているので参照されたい。

導入に当たっては、可能なかぎり企業が自主的に行うことが大切で、この作業を通してHACCPシステムに対する理解を深め、安全、安心な漬物製造を実践していくことが大切である。

全日本漬物協同組合連合会では、平成14（2002）年に「HACCP手法を取り入れた浅漬及びキムチの製造・衛生管理マニュアル」を作成している。また、平成25年に改正された『漬物の衛生規範』では、浅漬の製造管理の一方法としてHACCPシステムを推奨している。今後の漬物業界にとって指針になると思われる。

導入にあたっては、地元の保健所や公設試験研究機関、食品コンサルタントなどに相談するのも重要なことである。

4 「漬物の衛生規範」の改正

(1) 経緯

平成24（2012）年に札幌市等で発生した浅漬（白菜のきり漬）による腸管出血性大腸菌O-157食中毒の事故調査の結果、浅漬製造工程に関連して衛生管理上の問題点が指摘された。同様の食中毒の発生を防止するために、平成24年10月には加熱殺菌工程のない浅漬や浅漬風キムチなどに重点をおいて「漬物の衛生規範」の改正がなされた。

(2) 衛生規範

漬物の衛生規範は、昭和56（1981）年に漬物の衛生確保を図るために営業者が実施すべき指針として、厚生労働省（当時厚生省）が定めたものである（昭和56年9月24日付環食第２１４号別紙）。

(3) 今回の主な改正点

浅漬は加熱工程がないことから、製造中に十分な殺菌ができない。このために、原料から製品までの一貫した衛生管理が必要である。主な改正点は以下のとおりである。

1) 食品等の取扱い

・浅漬の原材料は、低温（10℃以下）で保管すること。

・原材料を飲用適の水を用いて、流水で十分に洗浄し、各工程において、微生物による汚染、異物の混入がないよう取扱うこと。

・半製品の保管および漬込みの際は、低温（10℃以下）で管理し、確認した温度を記録すること。

2) 殺菌について

・次亜塩素酸ナトリウム溶液（１００mg／Lで10分間または２００mg／Lで５分間）またはこれと同等の効果を有する亜塩素酸水等で殺菌した後、飲用適の流水で十分すすぎ洗いすること。塩素濃度の管理を徹底し、確認を行った時間、塩素濃度および実施した措置等を記録すること。

・75℃で１分間の加熱、またはこれと同等以上の効力を有する方法で殺菌すること。温度管理を徹底し、確認を行った時間、温度および実施した措置等を記録すること。

3) 漬込み液（漬床を除く）

・その都度交換し、漬込みに用いた器具・容器の洗浄、消毒を行うこと。

4) 加熱殺菌
・容器包装に充填後、加熱殺菌するものにあっては、65℃で10分間、またはこれと同等以上の効力を有する方法で殺菌すること。
・加熱殺菌したものは、速やかに放冷すること。殺菌の記録は、6カ月間保存すること。
5) 保存
・製品は、製造後速やかに10℃以下で保存すること。
・定期的に保存温度を確認し、記録すること。
6) 浅漬の製造に関しては、「漬物の衛生規範」にHACCPによる工程管理の詳細が記載されているので参照されたい。
浅漬製造でのHACCPのポイントについては、次項5で紹介する。

(4) 漬物の微生物規格

「漬物の衛生規範」に示された要件は以下の通りである。
1) カビおよび産膜酵母が発生していないこと。
2) 異物が混入していないこと。
3) 容器包装に充填後加熱殺菌したものにあっては、次の要件に適合するものであること。
(i) カビが陰性であること。
(ii) 酵母は、検体1gにつき1000個以下であること。
4) 浅漬は、次の要件に適合するものであること。
(i) 冷凍食品の規格基準で定められたE.coliの試験法により大腸菌が陰性であること。
(ii) ゆでだこの規格基準で定められた腸炎ビブリオの試験法により陰性であること。
ここでいう産膜酵母は漬物の表面や漬け液の表

面で生育しやすい酵母で、白く膜状に増殖することからこの名称がつけられている。

5 漬物製造工程における微生物管理

浅漬製造の概略は、以下である。
原材料の受入れ→保管→解凍（脱塩）→洗浄→仕込み→包装→（加熱殺菌）→冷却→保管→出荷

このなかで原料の受け入れから製品までの各段階で発生するおそれのある危害要因を分析し、その結果に基づいて、管理を行う。製造工程における微生物管理はトータルなものでなければならない。

衛生規範では、このなかで重要管理点（CCP）として、

1) 原料野菜の洗浄
2) 切断後の野菜の洗浄・殺菌
3) 金属検出

の3点を設定した。

原材料の洗浄・殺菌は、漬物類における食中毒の発生や微生物による品質劣化を防止するための基本である。これによって原料野菜の初発菌数を極力低減させることが可能となる。以下詳細に説明する。

(1) 原料野菜の微生物汚染の実態と除菌方法

① 原料野菜の細菌汚染

原料野菜は土壌あるいは水耕で栽培されているが、土壌栽培の場合は、牛糞堆肥などの有機肥料、土壌、灌漑《かんがい》用水、動物のし尿、浮遊菌など、さまざまなところから微生物の汚染を受ける。また、

収穫後の流通段階での汚染が加わり、原料野菜の細菌叢《そう》（ミクロフローラ）が形成される。この過程で食中毒菌による汚染があれば、食中毒の発生要因となる。一般的に野菜の汚染細菌数は、1g当たり千万を超えることはないとされているが、モヤシなどの水耕栽培の場合には千万を超えることも珍しくない。

②野菜処理と細菌の挙動

一般的に野菜の汚染菌数は、未処理の野菜よりも切断した野菜の方が多いことが知られている。これはカット、スライスなどの操作による細菌汚染や野菜組織が切断されるために、細胞液など栄養に富む野菜汁が漏出して、その結果、細菌の増殖が促進されることによる。

③浅漬における一般細菌の挙動

市販浅漬の生菌数をみると、少ないものでは1㎖あたり千個、大部分は1万から100万で、1億個に達するものも時にみられる。生菌数が千万個以上になってくると調味液は白濁し、浅漬としての商品性は急速に低下する。

この白濁は、多くは微生物の増殖によって生ずるものであるが、白濁し始める頃は、シュードモナス、フラボバクテリウム、エンテロバクターなどのグラム陰性菌が主要な原因菌であることが多い。白濁が進行するとロイコノストック、エンテロコッカスやラクトバチルスなどの乳酸菌が主要な原因菌となる。

このような微生物の増殖は乳酸を主とする有機酸の蓄積を起こすために、結果的には酸味の上昇、野菜の色調変化、風味の低下を招き、浅漬の品質を低下させることになる。

(2) 浅漬原料野菜の洗浄による除菌・殺菌法（CCP）

洗浄方法には、物理的な除菌方法として、手洗浄や噴流式、曝気《ばっき》式の洗浄装置を利用したもの、化学的な除菌方法としては、次亜塩素酸ナトリウム、酢酸などの有機酸を用いたもの、食品用洗浄剤、カルシウム製剤を利用したもの、また、それらの方法に加えてオゾン水や電解水などを利用したものが導入されるようになった。

①物理的除菌・殺菌

物理的除菌法としては水浸漬、手洗浄、曝気洗浄、超音波洗浄、ブランチングなどがある。一般的には曝気洗浄が行われているが、付着ゴミや付着土壌の洗浄に効果があることから、一定の菌数の低減が可能である。

手洗浄は、土壌や腐敗部分など野菜の汚染状況がわかるので、除菌効果は思っているよりも効果がある。超音波洗浄はキャビテーション（空洞現象）による物理的洗浄作用を利用したものであるが、野菜自体は軟らかい物体であることから、満足のいく結果が得られていない。

もう一つは加熱を利用した殺菌がある。生鮮野菜を原料とすることから、加熱温度、時間には制約がある。短時間加熱（ブランチング）は効果的ではあるが、組織の軟化や色の変化が問題となる。食中毒菌対策として、浅漬原料野菜の歯切れにあまり影響を及ぼさない50～55℃での温和加熱処理（マイルドヒーティング）による除菌方法が期待される。

②化学的洗浄殺菌

化学的な除菌方法としてよく利用されているも

のに、次亜塩素酸ナトリウム、高酸度酢を使った洗浄殺菌や界面活性剤を含む食品用洗浄剤を利用したもの、オゾン水、電解水、酵素剤、焼成カルシウムを利用したものなどがある。

〔次亜塩素酸ナトリウム〕

次亜塩素酸ナトリウムは、漬物業界やカット野菜業界で多く利用されている洗浄法である。次亜塩素酸ナトリウムの抗菌スペクトルは広く、グラム陰性菌、グラム陽性菌に対して強い抗菌力を示す。また、一部の真菌類やノロウイルスなどにも有効である。

次亜塩素酸ナトリウムは強い漂白作用や脱臭作用があり、眼などの粘膜に対して刺激性が強いので使用の際には従業員の健康を配慮した設備を施す必要がある。また、光や熱によって分解するほか、重金属や二酸化炭素（空気中）が存在していると分解が起きるので、保管の際は直射日光を避け、使用後は密栓し、25℃以下で遮光して保存することが望ましい。金属製容器は分解を促進するので、使用は避けなければならない。

次亜塩素酸ナトリウムの抗菌力は次亜塩素酸により発揮される。次亜塩素酸ナトリウムは水中では解離しており、殺菌性を有するのは未解離の次亜塩素酸（有効塩素）である。したがって、pHによる影響を強く受ける。図表7―6で示すように、次亜塩素酸ナトリウムの水溶液はpH8～9であり、90％以上は次亜塩素酸イオンとなり解離しているので抗菌力は低い。一方、pH5～6では逆に90％以上が非解離の次亜塩素酸となることから、pH5～6でコントロールしながら使用することが望ましい。

次亜塩素酸処理は100～200ppm、処理時間

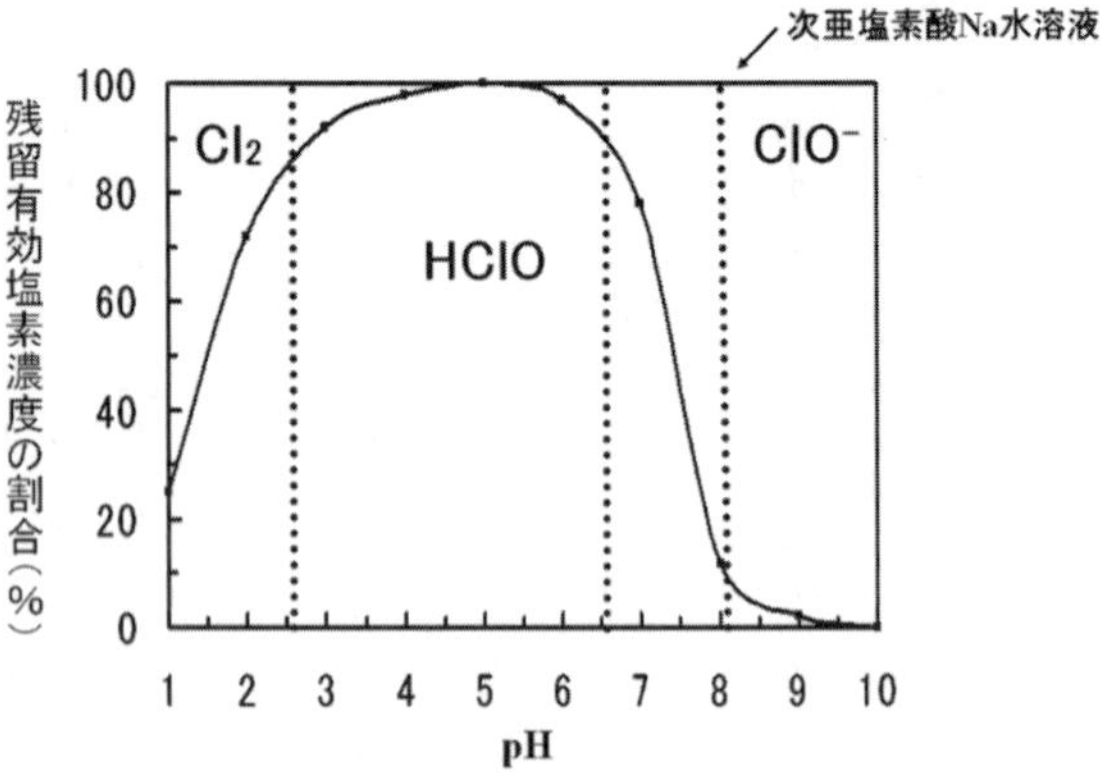

図表7-6 有効塩素の存在状態

図表7-7 各電解水の特徴

電解水	pH	有効塩素	電解槽	被電解物質
強酸性電解水	2.2～2.7	20～60ppm	有隔膜	食塩水<0.2%
弱酸性電解水	2.7～5	10～60ppm	有隔膜	食塩水＜0.1％
微酸性電解水	5～6.5	10～30ppm	無隔膜	塩酸水6～8％
電解次亜水	8～9	80～100ppm	無隔膜	食塩水<0.1%

電解水	金属への影響	有効塩素生成能力	効果
強酸性電解水	やや影響あり	生成量は少ない	殺菌
弱酸性電解水	やや影響あり	生成量は少ない	殺菌
微酸性電解水	影響は少ない	大量に生成	殺菌
電解次亜水	やや影響あり	大量に生成	殺菌

5～10分間程度で行うのが有用である。希釈した消毒液は時間が経つにつれて効果がなくなるため、使うときに原液を希釈して必要な量だけ作り、作り置きをしない。使用中に濃度が低下する場合もあるので、濃度を測定するか、適時補給することが必要である。洗浄殺菌時の時間と槽の塩素濃度の確認、濃度調整を行った場合の記録などは帳票に記入し、保管しておく。

洗浄した後は、塩素臭を除去するためによく水洗する。

〔**電解水**〕

電解水は食塩水や希塩酸を電気分解することによって得られる水溶液で、電気分解装置や分解条件によって図表7―7に示す数種類の電解水が得られる。

電解水の殺菌作用は基本的には次亜塩素酸によるもので、次亜塩素酸水は酸性を呈し手荒れが少ないなどの利点があるが、設置やメンテナンスにやや費用がかかる。

1）強電解水（強酸性次亜塩素酸水）

陽極と陰極が隔膜で分けられた電解槽により、0・2％以下の食塩水を分解することによって製造される。陽極側では水が分解されると同時に食塩水に由来する塩素イオンから塩素を生じ、水と反応して次亜塩素酸と塩酸になる。その結果、陽極側のpHは2・7以下にまで低下し、有効塩素濃度が20～60ppmの次亜塩素酸水が得られる。

生成された次亜塩素酸水の有効塩素量はこのように低濃度であるが、先述したように非解離の次亜塩素酸の割合が通常の次亜塩素酸ナトリウム水溶液（アルカリ性）よりも高いので、殺菌洗浄能力も高くなる。

一方、陰極側では水酸イオンが生成され、食塩水由来のナトリウムイオンと反応して水酸化ナトリウムを生成する。副生物として生成される強アルカリ水は、洗浄効果が高いことが知られている。強い酸性なので、金属の腐食に注意し、使用後はすすぐなどの対策を行うことが必要である。そのまま乾燥すると、生成原料の塩類が残留し白く残る。

2) 微酸性電解水（微酸性次亜塩素酸水）

微酸性電解水はpH5・0~6・5、有効塩素濃度10~30ppmで使用される。一部のものは80ppmまでの使用が行われている。細菌、ウイルス、カビなどの幅広い微生物に有効である。低濃度であることから、製品に塩素臭が残存することが少ないことや、作業環境においても塩素臭が軽減されることから従業員の健康管理上も有利である。

一方、野菜などの有機物に対して反応し、濃度が低下するので原材料や汚れが著しい器具などを洗浄殺菌する場合は、予備洗浄を行うことが大切である。

また、対象量に対して溶液量を十分に用意するなどの濃度低下対策を行う。

〔次亜塩素酸ナトリウムと酸の混合〕

次亜塩素酸ナトリウム溶液に酸を加えてpHを5~6に調整することによって次亜塩素酸による殺菌を有効に行おうとするものである。次亜塩素酸を低濃度の状態で利用することができる。通常、100ppm程度で利用されるが、それ以下での使用も可能である。電解水と異なり、設置費用が低く抑えられる利点がある。

〔有機酸（高酸度酢）〕

有機酸は、保存性向上剤として使用されることが多いが、洗浄殺菌にも利用可能である。有機酸を洗浄殺菌剤として使用する場合は、短時間のうちに殺菌効果を発揮させることが必要であることから、有機酸のなかではpH低下作用の強い酢酸やフマール酸などが適している。実際に洗浄殺菌剤として利用されている有機酸の多くは醸造酢を含む高酸度酢を利用したもので、一部に乳酸やフマール酸を利用した洗浄殺菌剤もみられる。

〔オゾン水〕

オゾンはきわめて強い酸化作用をもつことから、殺菌、脱臭、漂白などにオゾンガスを水に溶解させたオゾン水の形で利用されている。上水道、プール水、水族館の水の殺菌や脱臭など広く普及している。オゾンは広範囲の微生物の殺菌に有効で、芽胞に対しても効果がある。

殺菌作用は、オゾンガスが水分と反応して生成したヒドロキシラジカルが細菌細胞壁を酸化的に破壊することによるものと考えられている。細胞壁の異なるグラム陰性菌とグラム陽性菌に対するオゾンの殺菌効果は異なる。グラム陰性菌は容易に殺菌されるが、多くのグラム陽性菌や芽胞は抵抗性があるため、殺菌にはより高濃度のオゾンを必要とする。

殺菌洗浄において細菌以外の有機物が存在すると、有機物がオゾンを消費するために殺菌効果が減少することが知られている。また、オゾンガスは毒作用が強く、1 ppmのガスを長時間吸入すると、頭痛や眼粘膜刺激を起こし、3 ppm以上になると急性肺水腫を起こすなど危険な面も有していることから、オゾンガスを用いた殺菌を利用する場合は注意が必要である。なお、空気中オゾンの作業環境基準（勧告許容限界）は日本および米国で0・

1ppmとされている。

〔その他の除菌方法〕

酵素含有洗浄剤、カルシウム製剤溶液、過酸化水素などが検討されている。それらの特徴について簡単に紹介する。

1) 酵素含有洗浄剤

酵素含有洗浄剤は有機酸、脂肪酸エステルに酵素のセルラーゼを配合したものである。細菌類は野菜などの固形物に対してバイオフィルムによって結合しており、これにセルラーゼを主体とする酵素を用いて切断し、効果的に除菌しようとするものである。

2) 焼成カルシウム製剤溶液

焼成カルシウム製剤は、カキやホッキ貝などの殻を加熱して得られる酸化カルシウムおよび水酸化カルシウムを主体とする製剤である。0・15~0・30%のカルシウム製剤懸濁液に30分間浸漬した野沢菜は、水道水に浸漬したものと比較して100分の1程度の菌数の減少があったことが報告されている。カルシウムが主体となるため、野菜の歯切れを良くするという副次的効果もある。

(3) 仕込み（下漬工程）

洗浄により細菌数を抑えても、調味液の注入段階で、調味液の微生物管理が不完全なために、菌数が一気に増加した例がある。その後の微生物の増殖を抑制するために品温5℃以下での下漬を行うことがきわめて重要である。

(4) 充填工程と金属検出（CCP）

製品に微生物を付着させないために、充填機械の洗浄・殺菌が重要である。充填に用いる調味液の温度管理も重要である。なお、物理的危害である金属異物の混入を防止するために充填後の工程に金属検出器を設置する場合が多い。この際は、テストピースによる作動確認を随時チェックすることが大切である。

(5) 保管・流通

保管、流通段階においても、5℃以下での継続した低温管理（コールドチェーン）を行うことが大切である。とくに微生物の増殖が著しい夏季においては、積み込みは短時間のうちにスムーズに行うことが大切である。

(6) HACCPシステム導入に当たって

HACCPシステム導入は、作業手順書の整備から始まる。これは一般的衛生管理事項の一つである。今まで漬物を製造するときに、頭にしっかり叩き込まれていたことであるが、文書化するには戸惑いもあるだろう。まず、漬物の種類ごとに製造工程一覧図を作成する。どこに管理のポイント（重要管理点）があるのか整理して、自分たちの手順書を作成することから出発するのが無理のない方法である。

導入後も自分たちで決めたことは自分たちで実践する。有効塩素濃度、殺菌時間、冷却・保管温度などのチェックや決められた管理基準を逸脱したときの改善措置などは、作業実施中に必ず記録する習慣をつけることが大切であり、情報の共有化につながる。HACCP方式による自主的衛生管理は漬物の安全確保の土台となる。

八、漬物製造に用いる機械・器具類

漬物製造においては、野菜・塩蔵原料の貯蔵、野菜切り機、洗浄機、漬込み・調味液タンク類をはじめ、圧搾機、充填機、包装機、加熱殺菌機など多種類の機械・器具類を用いる。

1　各工程の設備・機械

(1)　野菜・塩蔵原料貯蔵～低温施設

①本漬原料

生原料を洗浄し、下漬後、塩蔵貯蔵するが、低塩低温貯蔵が主流となっている。コンクリートタンクの場合、循環冷却装置（チラー）で貯蔵する。FRPタンクの場合、冷蔵庫内に段積みにする。洗浄機への投入にはコンベアを使用する。また、漬込みにはコンベアで移送したり、コンネットで吊り上げホイストで移送したりする。輸入原料などは、冷涼な場所に保管する。

②浅漬原料

生原料の入荷後、すぐに冷蔵庫に保管し、使用する分だけ順次出して使用する。生野菜の場合、損傷、腐敗部分のあるものは傷みが急速に進行するので注意が必要である。時期的なストックを含め、多段積みにしてもフォークリフトの通路、転回エリアが必要になるため、かなり大型の冷蔵庫が必要である。これらを解消するため、冷蔵庫内に立体自動冷蔵庫を組み入れ、作業の効率化と在庫管理を充実させることができるようになった。

③貯蔵を必要とする原料

貯蔵を必要とする原料は、冷涼な場所に保管し、ネズミ、昆虫、汚水、塵埃などによる汚染および異物混入の防止に十分注意するとともに、点検、清掃、消毒などを定期的に実施する。

①、②、③とも低温施設の利用が大きな役割となっている。一般的に、原料保管には5～18℃前後、製品の保管には5～10℃、野沢菜、広島菜などの凍結塩蔵のためにはマイナス30～35℃の凍結庫とマイナス10～20℃の保管用冷蔵庫などの低温施設が必要である。

(2) 切断・細刻～野菜切り機

漬物の種類に応じて、みじん切り、縦横切機、横切機、二つ割機、うす切機（写真8―1）などの野菜切り機がある。割干しや刀豆《なたまめ》のような肉質の硬いものには、刃の厚いもので上下動切りが適当であるが、肉質の軟らかい原料を薄く切る場合や切り口を滑らかにするには、刃物が回転するものの方が向いている。ショウガなどを薄く切る場合は、切り口を滑らかにする必要があるので、散水しながら回転刃によって切る必要がある。切れ味のよい清潔な刃物を使用し、野菜組織に損傷を与え過ぎないようにし、品質の劣化を進行させないことが大切である。

生野菜の場合、砂や泥で刃物の切れ味が悪くなったり損傷したりするので、初期洗浄を行う。損傷、腐敗部分は製品の初発菌数におよぼす影響が大きく、また裁断、洗浄工程でほかの健全な原料への汚染原因となるので、十分に除去する。工程中、もっともケガが出やすいので細心の注意が必要である。

選別、裁断の場所は衛生的で周辺の清掃が行き

写真8-1 うす切機

写真8-2 ロータリー洗浄機

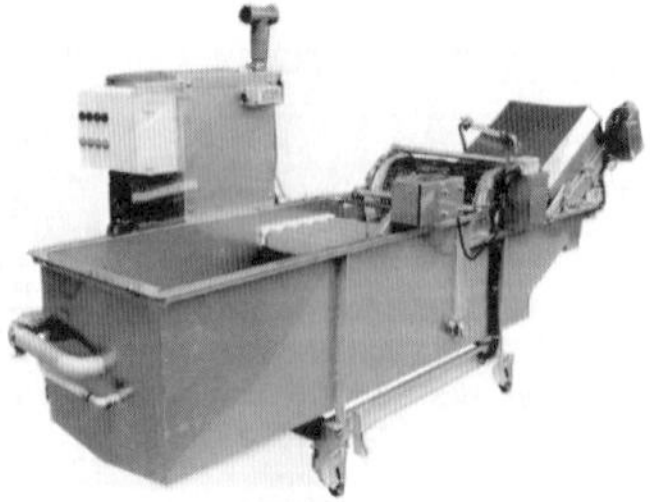

写真8-3 瀑気式洗浄機

届いていること、機械使用後は洗浄、殺菌、点検（刃物の損傷、サビなど）を確実に実施することが求められる。

(3) 洗浄～洗浄機

ロータリー洗浄機は、生原料の洗浄や二次加工漬の際に塩蔵原料の洗浄に使用する（写真8―2）。回転軸に水道管が通り、その小穴から散水し、野菜は筒のなかを回転しながら水洗されるようになっている。下漬大根、キュウリ、ショウガなどに使われる。

ブラシ洗浄機は、回転ブラシをU字に配列し、ブラシの回転により原料をかき混ぜながら注水により洗浄する。下漬原料の泥落としのほか、生キュウリのイボ取りにも応用が可能である。

瀑気《ばっき》式洗浄機には、水に沈む下漬原料などの洗浄で水槽内にネットコンベアを通し、ブロアなどで送風して瀑気により洗浄するシステムと、水に浮く生野菜原料の洗浄で取り出し口にネットコンベアをつけた瀑気式洗浄機がある（写真8―3）。表面の菌を減少させるため、次亜塩素酸ナトリウム液殺菌機や電解次亜塩素酸水などの自動注入装置を搭載した殺菌洗浄機もある。

いずれの洗浄機にせよ、使用後の機械の清掃と殺菌をきちんと行わないと逆に野菜への微生物汚染源となる。とくに、ブラシ、瀑気管、循環水配管、ネットコンベアなどは汚染されやすいので、使用後の清掃のほか、加熱蒸気による殺菌、次亜塩素酸ナトリウム液などの殺菌水を溜めて一定時間空運転を行い、次に使用するまで放置して微生物の殺菌を行う必要がある。構造が単純な機械ほど清掃や殺菌が行いやすい。また、関連する事項として、洗浄機設置の床は汚れやすいので、機械使用後の清掃、殺菌、点検を確実に実行することが大切である。

(4) 下漬～漬込みタンク、ホイストクレーン、フォークリフト、コンネット、重石

漬込みタンクは、以前は木製の桶であったが、現在はコンクリート製タンクやコンクリートタンクの内側に合成樹脂を塗布したタンクが主流である。これらは3ｍ角のタンクで20～25ｔの野菜が漬け込まれる。

ホイストクレーン、フォークリフトはタンク内の原料の出し入れ、室内の塩漬や重石の運搬などに使用される。原料などはコンネットで吊り上げ運搬される。東西南北上下の動きはボタン操作により自由に運搬できるものが多い。近年、低騒音、防サビ、ステンレス製吊り金具など異物混入対策を施した製品も出回っている。重石にはコンクリート製の５００kg程度のものが使用されているが、異物混入や菌の増殖を抑えるため、ステンレス板で巻いたものがよいとされている。

浅漬の場合、１００～３００kgの押し板を兼ねたステンレス板または鉄板に、ステンレス板を巻いたものが一般的に使用されている。重石は床に直置きせず、架台などの上に乗せることが大切である。使用前に必ず水洗を行い、できれば高圧洗浄機などでていねいに洗い、次亜塩素酸ナトリウム液やアルコールなどで殺菌することが大切である。コンネットは使用後、必ず水洗し、付着した野菜屑などを除去し次亜塩素水に浸すなどして殺菌する。しばらく使用する予定のないものは、よく乾燥させてから保管する。

(5) 脱塩・洗浄～撹拌機、脱塩槽、瀑気式洗浄機

撹拌脱塩槽は、細刻した原料をステンレス製丸型水槽に入れ、撹拌羽根でゆっくり撹拌し、注水しながら脱塩を行う。原料は、細刻しながら原料移送ポンプ付きのタンクに入れ、水とともに脱塩槽に移す方法と、バケットコンベアで移す方法がある。圧搾機への移送は、脱塩槽の底部のバルブを開け、水とともに圧搾槽へ移す。撹拌羽根の駆動モーター、減速機などのサビや油など異物の混入に十分注意し、定期的に点検を実施する（写真8—4）。

瀑気式洗浄機は、浅漬の原料の洗浄、脱塩を行う際に用いる。本漬のキュウリやナスなどの一本ものの脱塩洗浄にも使用する。瀑気管、ネットコンベアは菌による汚染源となりやすいので、野菜

写真8-4 脱塩装置

屑の除去と水槽内の殺菌はしっかりと行うことが必要である。

簡易型瀑気式脱塩槽のように合成樹脂、ステンレス製の1000~1500ℓのタンクに瀑気管を入れて空気を送り込み、注水しながら脱塩する方法もある。同一の機械で何種類もの原料を脱塩する場合が多いので、原料の切り換えの際は、野菜屑の除去を十分に行い、使用後は必ず洗浄、殺菌、点検を確実に行うことが大切である。

(6) 圧搾・脱水 ~圧搾機、遠心分離機

圧搾機は、1000ℓほどの槽にコンネットを敷き、その上に濾布を敷いて脱塩原料を入れる(写真8—5)。原料100~200kgごとに濾布を敷くと取り出しやすく、また、脱水もしやすくなる。槽は木製・鉄製では異物の混入につながる

写真8-5 圧搾機

ことがあるので、ステンレスの方がよい。圧搾には油圧シリンダーを使うが、油漏れには十分気をつける必要がある。脱塩後の原料であることから、圧搾中の発熱などで微生物が増殖しやすい。したがって、使用後には必ず、野菜屑の除去、洗浄、殺菌、点検を確実に実施することが大切である。なかには、二槽式で相互運転することにより、能率を上げる機種もある。

遠心分離機は軽い脱水を行うときに使用し、とくに、浅漬の刻みものに多く利用されている。本機も回転中に温度が上がり、微生物が増殖しやすいので注意が必要である。一定の使用回数ごとに外カバーを外し、清掃する。脱塩圧搾兼用機は、一つの槽のなかで脱塩と圧搾が兼用でき、自動制御により夜間運転も可能である。原料の移送を省くことができる衛生的な脱塩圧搾兼用機もある。圧搾工程では微生物が増殖しやすいので、使用後の清掃、殺菌、点検は確実に実施する必要がある。

(7) 調味漬～漬込み槽、回転式漬込み槽、調味液調合タンク、調味液タンク

漬込み槽は、圧搾原料を調味液に浸漬し、吸収、復元、塩味、旨味、酸味、甘味、色沢などを付与させるのに使用する。漬け上がりが均一になるように時々撹拌することが必要である。容器は１０００～１５００ℓの合成樹脂、ＦＲＴ、ステンレス製のものが多い。

回転式漬込み槽に、空気移送ポンプ、またはバケットコンベアで圧搾原料を入れ、調味液を入れて回転させるようにタンクは八角形になっており、均一に撹拌される。漬込み容器に蓋をかぶせ、容器とも回転させ撹拌するものもある。手間が省け

るうえ、工程が短縮されるので衛生的である。

調味液調合タンクは、合成樹脂またはステンレス製で、1000〜1500ℓの丸型タンクにモーターで回転する撹拌羽根を備えたもので、上部に置いた調味液タンクからしょう油、食酢などの調味料を入れて均一になるよう加熱撹拌した後、冷却し、調味液を製造するものである。なかには蒸気管、冷却管を通し、殺菌を兼ねて加熱、冷却することができるものもある。設備方法としては、蒸気加熱管の管体内面にスパイラル状蛇管を設置し、バルブ切り替えにより冷却水を注入する方法がとられてきたが、近年では、より衛生的な環境を確保するために、缶体下部を二重構造にしたジャケット缶式にする傾向がある。調味液タンクはステンレス製、ホーロー引き、プラスチック製のものがよい。

容器類、移送経路、バケット、タンクなど、見た目にはきれいでも意外に微生物で汚染されている。定期的に洗剤を用いて洗浄を行うとともに殺菌剤で殺菌を行うことが重要である。調製した調味液を移送する場合のポンプおよび配管は、ステンレスサニタリ管およびサニタリポンプが望ましい。また、使用前と使用後はとくに入念な清掃、洗浄、殺菌、点検を確実に実施することが必要である。

(8) 計量〜計量機器、自動充填機、自動包装機

製品の計量には、バネ式アナログ台秤のほか、電気式デジタル表示の台秤がある。台秤が水に弱いことと目盛りが見づらいことから、吊り秤がよく使われている。目盛りの位置がちょうど目の高

さになるので、作業しやすくなっている。大型の吊り秤をホイストに取り付け、コンネットで吊り上げて原料などを計量するものもある。

定量自動充填機は、刻み漬などに使用される。刻み漬などでは計量器によらず、一定量を押し出し、カップ、トレー、袋などに投入するものもある。なお、自動計量機も刻み漬によく使用される。8～12個の計量バケットで小口に計量を行い、数個の合計で必要量にして、直接、自動包装機に投入するものである。自動計量機の多くは、自動包装機の上に位置して連動して使われている。最近では自動計量機の開発が進み、部品が簡単に取り外し、組み立てられるものが出現している。

計量器は、いずれにしても清掃がしやすいものを選定することが大切である。また、製品を切り替えるときと使用後は必ず洗浄、殺菌、点検を確実に行うことが大切である。

(9) 小袋包装～定量自動液充填機、真空包装機、包装機（シール機）、クリップ機、カップシール機

定量自動液充填機は、回転ホッパーに袋を挿し、製品を入れると自動的に調味液を充填する機械である。袋挿しは手で行うものが多いが、自動のものもある。

手動・自動真空包装機は、漬物製品を真空包装するものである。シール板の上に漬物の入った袋の口を揃え、手で蓋を閉じて真空シールするシステムとコンベアに乗せて蓋の開閉、シール、送り込みを自動で行う真空包装機がある。定量自動液充填機と手動・自動真空包装機はセットで使用されるのが普通である（写真8―6）。

写真8-6 自動包装機

全自動真空包装機は給袋、日付、袋開き、液充填、真空シール、製品、排出までをすべて自動化した包装機である。計量された製品を手で投入するのが一般的であるが、オワン状の容器に計量された製品を入れ、自動で投入するもの、また、自動計量機から直に投入するものなどがある。

包装機はどの機械においても、シール不良が起きないようシールされる部分に製品や調味液が付着しないようにしてある。また、ヒーターの上に貼るガラス粘着テープが調味液などで汚れるとシール不良を起こしやすく、微生物による不良品が出ることがあるので、定期的に掃除を行うとともにテープの交換を適切な時期に行うことが大切である。

手動包装機には、真空によらず袋の両端を手で引っ張りながら、中の空気を抜いて一袋ずつシールする機械と、複数のヒーターが回転しながらシールする機械がある。クリップ（またはリンガー）機は一袋ずつ手で絞って留めるものである。シールのみの製品は、金属検出機にかけて金属異物の検出ができるが、アルミ線などのクリップは金属であるため金属異物が検出されにくく、注意が必要である。近年では、アルミ製のクリップより樹脂製のクリップに移行している。

全自動クリップ機は給袋、日付、袋開き、液充填、脱気、袋シール、クリップ、排出までをすべて自動化した包装機である。オワン投入機や自動計量機との組み合わせが可能で、製品投入の自動化ができる。

カップシール機は刻み漬などで樹脂製のカップに製品を入れ、蓋をした後、熱シールする機械である。定量充填機や自動計量機、自動液充填機などの組み合わせで自動化が可能である。

金属製クリップの場合、投入ホッパーの上に金属検出センサーを取り付け、金属反応感度を上げたものもある。いずれの方法においても、液充填機のノズルやホースの洗浄、殺菌を確実に実施することが大切である。

〔**漬物の包装形態**〕

漬物は調味液の液体に漬けられているものと、粕漬、からし漬のように漬床に漬かっているものとがある。一般的には変色等防止のために漬液や漬床を一緒に封入することが多い。漬物固形のみ包装する場合は、酸化防止のために真空包装される。昔は漬物が樽詰されていて、そこから漬物をバラ売りで購入する形であったが、スーパーマーケットの出現による流通形態の変化にしたがって、漬物は小口包装が主体となった。

漬物は種類も多く、それぞれの物理化学性も異なっている。それぞれの特性に合わせた包装の選択が求められる。食塩、酸、糖などのため、熱接着のシールが不完全になったり、臭いやアルコールなどの揮発成分がフィルムの外へ漏えいしたり、紫外線や酸化により変色することなどが起こるからである。

⑽ 加熱殺菌〜加熱殺菌装置

加熱殺菌装置は真空包装された製品をカゴに並べ、温度コントロールされた熱水槽にホイストなどで入れて加熱殺菌を行うものである。一定時間経過後、ホイストで引き上げて移動し、冷水槽に入れる。熱水槽と冷水槽の二槽をネットコンベアが潜り、80℃20分間の熱殺菌後、20分間の冷却を行う。水量の少ないところや冷却効果を期待するところでは、冷水槽の水をチラーなどで循環冷却し、冷却効果を上げるだけでなく、水の節約も可能である。また、前述した工程を自動制御して行う装置もある（写真8―7）。

半自動、自動ともに水槽のなかに蒸気を吹き込み熱水にするが、水槽を使わず水蒸気そのもので加熱殺菌する場合もある。加熱殺菌にはいくつかの方法があるが、いずれのもの

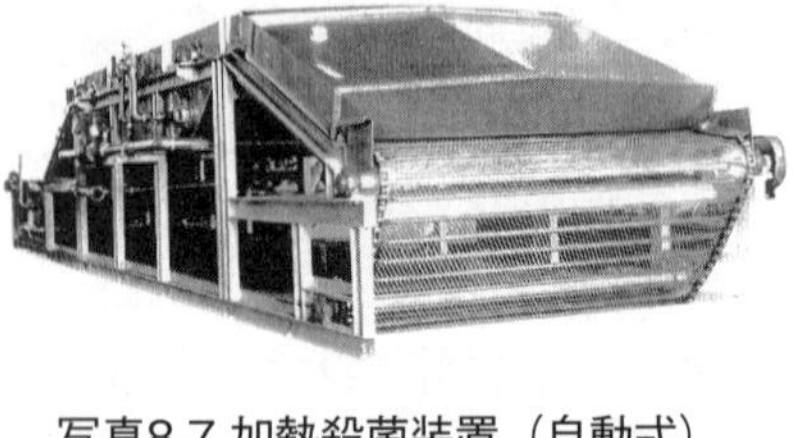

写真8-7 加熱殺菌装置（自動式）

も急速に温度を上げるとともに、熱水を製造する時間とエネルギーの低減を図ることが必要である。今後は、この方法が普及するものと考えられる。

熱殺菌では、温度管理、殺菌時間、冷却後の温度管理を確実に実施することが大切である。熱殺菌は漬物製造におけるHACCPのCCP（重要管理点）となる重要な工程である。温度、時間などが正確かどうかを調べるために一定の時期に精度管理を行うことも必要である。

(11) 箱詰め梱包・製品仕分け～金属探知機、自動製函機、自動封函機、梱包機、コンテナ洗浄機

金属探知機は、製品を箱詰めする前に製品中に含まれる金属の混入検査をするもので、同時に目視による異物検査も実施する。金属検出においては、内容物、容量により設定が異なるので、商品別に設定を記憶できるものが望ましい。近年においては、X線による異物検知器も普及している。

段ボールを開き、底板の折り込み、テープ貼りまで自動にできる自動製函機、函詰め後、自動で封函できる自動封函機などがある。また、複数の函を重ねてバンド掛けする梱包機などがある。ローラーコンベアを利用して自動化することが可能である。

浅漬などはコンテナを段積みにし、キャスター付き台車や枠付き台車などで運ぶことができる。配達から帰ってきたコンテナは汚れているので、必ず洗浄する必要がある。数が多いときは、コンテナ洗浄機を使うと効率よく洗浄することができる。

⑿ その他の漬物製造に関する設備および施設～排水処理設備

漬物製造設備では排水量が多く、成分には有機物や塩分濃度が高い。排水に混ざっているものは、細切された野菜くずやその溶解物、食塩、しょう油、酢、みそ、酒粕、カラシなど多様である。このように漬物工場排水は有機質排水であり、水質項目としてはBOD、COD、SS、pHなどがあげられる。処理法は活性汚泥法により漬物工場排水が規制基準以下に浄化できる。まず、スクリーンにより固形物を物理的に取り除き、次に曝気槽で汚泥により処理され有機分の消化が行われる。その後沈殿槽に入り、スラッジを沈降分離し、清澄水として排出される。

近年普及してきた、野菜屑などのゴミ処理装置については、機種および排水経路によっては排水処理設備に高い負荷をかける場合があるので、注意を要する。

2 包装

漬物が製造されて消費者に届くまで、漬物の品質や安全性を確保し取扱いを容易にして商品性を高めるため、漬物を包装する必要がある。また、包装方法やデザインなどの外観も消費者の購買意欲を高める重要な手段となっている。

食品の包装材料としては、金属やガラスが主に利用されてきたが、近年はこれに加えプラスチックを主体とした包装材料が主流になってきた。

⑴ 包装形態

・個装……食品個々の包装で、食品と包装材が直接接触している最終の販売単位の包装。

・内装……まとまった個装を湿気、光、熱、衝撃等から保護するための包装。段ボールの仕切り、カートンなど。

・外装……輸送・保管用の大きな単位の包装。木箱、段ボールなどがあり、通常、商品情報の記号などが付されている。

(2) 包装材料

包装材料として用いられているものは、金属、ガラス、紙、セロファン、プラスチックおよびこれらの複合材料などである。これらの包装材料は衛生的であること、食品の品質を保持し、保存性を高める性状を有することが求められる。

①金属（ブリキ缶）

鉄の薄板に錫《すず》をメッキしたブリキが密封性、耐熱性、防湿性に優れていることから、長期間にわたる保存が必要な缶詰の容器として用いられている。魚介類等の缶詰ではたん白質の分解により硫化水素を生じ、錫や鉄と反応して黒変することがある。この欠点を補うため、缶の内部をフェノール系樹脂で塗装した塗装缶が用いられる。漬物では、しょう油漬などの製品に利用されている。

②金属（アルミニウム）

アルミニウムは鋼板に比べ3分の1程度軽く、耐腐食性があることや展性があることから、薄く圧延することが可能で飲料缶などに多く利用されている。また、遮光性、気体遮断性に優れていることから紙やプラスチックフィルムにラミネートされて使用されている。

③ガラス

びんの形で利用され、密封は王冠、押し蓋、ねじ蓋などで行われている。ガラスは腐食されず、透明であることから内容物がよく見える長所がある一方、重く、光を透過し、缶詰に比べ破損しやすいなどの欠点を有する。そこで、光の透過性を防ぐ着色びんやプラスチックをコーティングした強化びんなどが利用されている。漬物では、福神漬などで利用されている。

④紙

紙は比較的強く、遮光性があり、印刷しやすいなどの利点があるが、防湿、防水性がないのでプラスチックを塗布するなどしてこの欠点を補っている。

⑤セロファン

紙とプラスチックの中間的な性質を有することから、透明で印刷しやすい素材であるが、防湿性に欠ける。そこで、プラスチックを塗装あるいはラミネートして用いられている。粉末食品や菓子などの包装に用いられることが多い。

⑥プラスチック

プラスチックには用途に応じてさまざまな素材が使われており、数種のプラスチックをラミネートして用いられることも多い。プラスチックの種類およびその特性を図表8—1に示した。

(3) 複合包装材

包装材は個々で使用すると、長所と同時に欠点をもっているため、単独で使用されることは少ない。多くの場合2種類以上の包装材料を複合して欠点を補うとともに、優位な点を生かすことにより用途に応じた複合包装材として利用されている。

図表8-1 プラスチック包装材の種類と特性、用途

種類	特性	主な用途
ポリエチレン（PE）	透明性、防水性あり。ガス透過性が大（ガスバリアー性が乏しい）。熱接着性が良い。	多用途で広く利用されている。冷蔵・冷凍食品の包装材、レジ袋など。
ポリプロピレン（PP）	PEより透明性、耐熱性、防湿性あり。	乾燥食品、野菜などの蒸散防止。
ポリ塩化ビニル（PVC）	透明性、硬質性あり。	容器、トレー、ラップフィルムなど。
ポリ塩化ビニリデン（PVDC）	透明性、耐熱性、収縮性あり。ガスバリアー性が大であることからラミネートされて使用。	ソーセージケーシング。ガスバリアー性があることから、ほかの包装材にラミネートして使用されることが多い。
ポリスチレン（PS）	硬質、透明性に優れる。気泡を含ませて成型したものは発泡スチロールとして利用されている。	野菜の包装、トレー、カップに成型利用されている。
ポリアミド（PA、ナイロン）	透明性、温度耐性あり。ガスバリアー性が大。ラミネートフィルムとして使用される。	レトルト食品、冷凍食品の包装など。
ポリエステル（PET）	透明性、耐湿性、耐熱性、保香性に優れる。ラミネート材として利用。	飲料容器など。
エチレン・ビニルアルコール共重合物（EVOH）	ガスバリアー性が大。熱接着性に欠ける。ほかのプラスチックと複合フィルムとして利用される。	真空包装、ガス置換包装用材料として利用される。

資料：佐竹秀雄「食品加工シリーズ　漬物」農山漁村文化協会（1999年）を基に作成

複合方法には、
・互いに補完しあうプラスチックフィルムあるいはアルミ箔を接着剤で貼り合わせるラミネート法
・フィルムを塗布して被覆加工するコーティング法
・溶融状態のプラスチック樹脂をそれぞれ別の押し出し機から薄膜状に押し出し、複合させる共押し出し法
がある。図表8―2に主な複合包装材と用途を示した。

図表8-2 食品包装用ラミネートフィルムの構成と主な用途

ラミネートフィルムの種類	用途
塩化ビニリデンコートセロファン／ポリエチレン	漬物、佃煮、水産加工品、スナック食品、ハム・ソーセージ
塩化ビニリデンコート延伸ポリプロピレン／ポリエチレン	漬物、スナック菓子※、粉末食品、みそ、米
延伸ナイロンフィルム／ポリエチレン	漬物、冷凍食品※、液体スープ※、佃煮、水産加工品、スナック食品
塩化ビニリデンコート延伸ナイロン／ポリエチレン	漬物、みそ※、液体スープ※、スナック食品
ポリエステル／ポリエチレン	漬物、冷凍食品※、スナック食品※、佃煮、液体スープ、粉末食品
塩化ビニリデンコートポリエステル／ポリエチレン	漬物、みそ、液体スープ、スナック食品
紙／ポリエチレン	牛乳※、果実飲料※、粉末食品
延伸ポリプロピレン／未延伸ポリプロピレン	スナック食品※、粉末食品、米菓
延伸ナイロンフィルム／未延伸ポリプロピレン	レトルト食品※、水産加工品、冷凍食品、スナック食品
ポリエステル／エチレン、酢酸ビニル共重合物／ポリエチレン	漬物、ハム・ソーセージ、みそ
延伸ポリプロピレン／エチレン、酢酸ビニル共重合物／ポリエチレン	漬物、ハム・ソーセージ※、水産加工食品※、みそ
未延伸ポリプロピレン／エチレン、酢酸ビニル共重合物／ポリエチレン	ハム・ソーセージ※、水産加工食品※
延伸ナイロンフィルム／アルミニウム／ポリエチレン	液体スープ、レトルト食品
ポリエステル／アルミニウム／ポリエチレン	牛乳・果実飲料※、粉末食品、レトルト食品
ポリエチレン／紙／ポリエチレン／アルミニウム／ポリエチレン	牛乳・果実飲料 ※
ポリエステル／ポリエチレン／アルミニウム／ポリエチレン	粉末食品、牛乳・果実飲料
延伸ナイロンフィルム／ポリエチ／レンアルミニウム／ポリエチレン	粉末食品

資料：鴨居郁三監修「食品工業技術概説」宮尾一部改変
※とくに多く使用されている食品。

参考文献

青葉　高「野菜の博物誌」八坂書房（2000年）
青葉　高「日本の野菜文化史事典」八坂書房（2013年）
飯島武次「中国考古学概論」同成社（2003年）
今井正武・後藤昭二「糠床熟成中の酵母フローラの消長と分離菌株の同定」日本農芸化学会誌（VOL.58）P545（1984年）
尾方　昇「塩入門」日本食糧新聞社（2011年）
小川敏男「つけ物風土記」毎日新聞社（1974年）
小川敏男「つけもの」保育社（1978年）
小川敏男「最新　漬物製造技術」食品研究社（1979年）
小川敏男「漬物製造学」光琳（1989年）
小川敏男「漬物と日本人」NHKブックス（1996年）
小川敏男「漬けもの博物誌」八坂書房（2010年）
鴨居郁三監修「食品工業技術概説」恒星社厚生閣（1997年）
喜田川守貞著、宇佐美英機校訂「近世風俗志（守貞謾稿）」岩波文庫（1997年）
厚生労働省「平成26年版厚生労働白書」
厚生労働省「健康日本21（第二次）分析評価事業」
厚生労働省「平成25年国民健康、栄養調査結果の概要」（2014年12月）
厚生労働省「日本人の食事摂取基準（2015年版）概要」
佐竹秀雄「食品加工シリーズ3　漬物」農山漁村文化協会（1999年）
食品研究社編集部「新漬物処方全覧」食品研究社（1981年）
菅原龍幸・宮尾茂雄「改訂 食品加工学」建帛社（2012年）

田中静一「一衣帯水　中国料理伝来史」柴田書店（1987年）
中国微生物学会醸造学会編「中国醬腌菜」中国商業出版社（1991年）
チョンデソン「つくってあそぼう34　キムチの絵本」農山漁村文化協会（2009年）
デニス・バーキット「食物繊維で現代病は予防できる」中央公論社（1983年）
東京都立食品技術センター編「食品の品質保持に関する検査法　テクニカルガイド5」東京都立食品技術センター（2000年）
日本食品工業学会編「中小食品企業品質管理用品質管理技術マニュアル」（1992年）
日本伝統食品研究会編「日本の伝統食品事典」朝倉書店（2007年）
農文協編「ふるさとの家庭料理8漬けもの」農山漁村文化協会（2003年）
藤原喜久夫編「漬物の衛生」中央法規出版（1982年）
本田二郎「周禮通釋上」秀英出版（1977年）
前田安彦「新つけもの考」岩波書店（1986年）
前田安彦「漬物学―その化学と製造技術」幸書房（2002年）
前田安彦・宮尾茂雄編「漬物の機能と科学」朝倉書店（2014年）
牧角悦子著「ビギナーズ・クラシックス中国の古典　詩経・楚辞」角川文庫（2012年）
孟元老著、入矢義高、梅原郁訳注「東京夢華録―宋代の都市と生活」東洋文庫598、平凡社（1996年）
山形在来作物研究会編「どこかの畑の片すみで―在来作物はやまがたの文化財―」山形大学出版会（2007年）
好井久雄他編「食品微生物学ハンドブック」技報堂出版（1995年）
科学技術庁資源調査会編「四訂日本食品標準成分表」大蔵省印刷局発行（1982年）
文部科学省　科学技術・学術審議会資料調査分科会編「五訂増補日本食品標準成分表」独立行政法人国立印刷局発行（2005年）
文部科学省科学技術学術審議会資源調査文科会編「日本職員標準成分表2010」

監　修

宮尾　茂雄（みやお　しげお）

東京家政大学　教授、農学博士

1973年東京農工大学卒業、同年東京都農業試験場に入都、1990年東京都立食品技術センター勤務、副参事研究員を経て2008年より東京家政大学教授。2003年より四川大学客員教授。発酵食品、漬物等惣菜類における食品微生物制御を専門とする。1996年日本食品科学工学会学会賞（技術賞）、2003年日本食品保蔵科学会学会賞。日本食品科学工学会、日本食品保蔵科学会常任委員、日本伝統食品研究会副会長、宇宙日本食専門家委員会専門委員、全日本漬物協同組合連合会常任顧問、全国漬物検査協会理事。

【主な著書】「中国漬物大事典」幸書房（2005年）、「漬けものの絵本」農山漁村文化協会（2009年）、「乳酸菌でカラダいきいき！おウチでぬか漬け」日東書院本社（2009年）、「絶品漬物ブック」東京書籍（2010年）、「漬物をまいにち食べて元気になる」ビーエービージャパン（2010年）、「漬物の機能と科学」（共著）朝倉書店（2014年）他、多数。

食品知識ミニブックスシリーズ「改訂版　漬物入門」

定価1,200円（税別）

平成12年11月17日　初版発行
平成27年 8 月31日　改訂版発行

発　行　人：松　本　講　二
発　行　所：**株式会社　日本食糧新聞社**
〒103-0028　東京都中央区八重洲1-9-9
編　　　集：〒101-0051　東京都千代田区神田神保町2-5
北沢ビル　電話03-3288-2177
FAX03-5210-7718
販　　　売：〒105-0003　東京都港区西新橋2-21-2
第 1 南桜ビル　電話03-3432-2927
FAX03-3578-9432
印　刷　所：**株式会社　日本出版制作センター**
〒101-0051　東京都千代田区神田神保町2-5
北沢ビル　電話03-3234-6901
FAX03-5210-7718

乱丁本・落丁本は、お取替えいたします。

ISBN978-4-88927-246-8 C0200